| Institut für jüdische
Geschichte Österreichs |

mandelbaum *verlag*

Katalog zur Ausstellung des
Instituts für jüdische Geschichte Österreichs
vom 10. Oktober – 22. Dezember 2023
im Bildungshaus St. Hippolyt, St. Pölten

Hg. von Benjamin Grilj im Auftrag des
Instituts für jüdische Geschichte Österreichs

Bilder aus **Theresienstadt**

Das gezeichnete Tagebuch von **Gisela Rottonara**

Inhalt

Gisela Rottonara

Die Zeichnungen

Vorbemerkung

Martha Keil

Einer der größten Freudenmomente im Leben einer Historikerin ist wohl das Auftauchen bisher unbekannter historischer Quellen, vor allem aus der NS-Zeit. Immer wieder staunen wir über materielle, bildliche und schriftliche Zeugnisse, die noch Jahrzehnte nach dem nationalsozialistischen Ausrottungsversuch aller als jüdisch kategorisierten Menschen ans Tageslicht kommen. Zwar sind nach derzeitigem Kenntnisstand die behördlichen Dokumente einigermaßen vollständig in den Archiven verwahrt. Doch viele Familien bewahren sorgfältig gehütete Schätze – sind sie doch oft die letzten Nachrichten von Familienangehörigen und anderen geliebten Menschen. Wenn durch einen persönlichen mutigen Entschluss oder durch die Ermunterung durch Forscher/innen und Ausstellungsmacher/innen diese Familienschätze einer breiten Öffentlichkeit zugänglich gemacht werden, ist dies ein Akt, der uns größten Respekt und tiefste Dankbarkeit abringt.

Elfriede Kreuzer, die sich bescheiden nur als „Vermittlerin" bezeichnet, hat diesen Schritt getan, angeregt durch die zufällige Begegnung mit unserem Institutsmitarbeiter Benjamin Grilj. Sie hat die 61 Zeichnungen aus Theresienstadt, die durch ihre Großtante in den Besitz ihrer Mutter gelangten, kaum jemandem außerhalb der Familie gezeigt und uns nun die Erlaubnis zu deren Präsentation in einer Ausstellung gegeben. Die Erschafferin dieses berührenden gezeichneten Tagebuchs, Gisela Rottonara, erlag am 23. Jänner 1943, nicht einmal sechs Monate nach ihrer Ankunft im Lager, den vor allem für ältere Menschen unerträglichen Lebensbedingungen. Dass wir 150 Jahre nach ihrer

Geburt und 80 Jahre nach ihrer Ermordung erstmals ihr künstlerisches Vermächtnis präsentieren dürfen, ist hoffentlich der Auftakt der Bemühungen, eine bemerkenswerte Frau und ihr Werk, das eng mit ihrem Schicksal als Opfer des nationalsozialistischen Rassenwahns verbunden ist, an vielen Orten zu zeigen und auf Dauer im Gedächtnis zu behalten. Ein Weg dazu möge dieser Katalog sein, dem die Begrüßungsreden bei der Ausstellungseröffnung am 9. Oktober 2023 im Bildungshaus St. Hippolyt in St. Pölten, eine kurze Beschreibung des Ghettos und Konzentrationslagers Theresienstadt sowie eine biographische Einführung zu Gisela Rottonara von Benjamin Grilj vorausgehen.

Martha Keil
Wissenschaftliche Leiterin des Instituts für jüdische Geschichte Österreichs

Rede zur Eröffnung der Ausstellung am 9. Oktober 2023

Hermann Dikowitsch

Sehr geehrte Damen und Herren, ich möchte Sie herzlich zur Eröffnung der Ausstellung von Gisela Rottonaras Bildern begrüßen und Ihnen von Frau Landeshauptfrau Johanna Mikl-Leitner die besten Grüße und Wünsche übermitteln.

Die gebürtige Wienerin Gisela Rottonara zu ehren, die auch in Niederösterreich einen Wohnsitz hatte und bis zu ihrer Deportation nach Theresienstadt in Wien gelebt hat, ist würdig und gerechtfertigt. Wir haben über ihr künstlerisches Werk, das in Form ihrer präzisen Zeichnungen aus der Zeit ihrer Gefangenschaft vorliegt, die Möglichkeit, uns dem damaligen Elend im Lager Theresienstadt mit seinen menschenunwürdigen Bedingungen anzunähern, das vielen Menschen – unter ihnen leider auch Gisela Rottonara – das Leben gekostet hat.

Die Ausstellung ist ein wichtiger Schritt in unseren Anliegen, denn wir, die für die Kulturpolitik des Landes Niederösterreich Verantwortlichen, haben den Anspruch, dass Erinnerungskultur eine hohe Bedeutung für unsere Gesellschaft und unser Zusammenleben einnimmt. Wir nehmen daher auch von Landesseite unsere Verantwortung wahr, indem wir Forschungsarbeit fördern, die ihrerseits dazu beiträgt, die Vergangenheit aufzuarbeiten, Erkenntnisse zu gewinnen und vor allem – und wo könnte sich das eindrucksvoller und bedrückender als heute Abend zeigen? – die Erinnerung an die Opfer wachzuhalten. Nur so können wir ein umfassendes Verständnis für die historischen Hintergründe, die Perspektive der Täter und die Leiden der Opfer sowie schließlich für die Auswirkungen auf unsere

Gesellschaft erlangen. Zudem ist es meine tiefe persönliche Überzeugung, dass Forschungsprojekte zur Holocaust-Erinnerung immer auch eine aktuelle gesellschaftliche Relevanz haben müssen. Sie müssen dazu beitragen, Diskriminierung jeder Art, Rassismus und Antisemitismus zu bekämpfen und eine Kultur des Respekts und der Toleranz zu fördern.

Daher ist es uns wichtig, dass Forschungsprojekte dieser Art ausreichende Ressourcen erhalten, um hochwertige und authentische Ergebnisse liefern zu können. Zugleich sollten die Ergebnisse dieser Projekte auch einer breiten Öffentlichkeit zugänglich gemacht werden, sei es durch Museen, Gedenkstätten, Bildungseinrichtungen und Publikationen oder auch digitale Plattformen. Ich setze mich deshalb als Leiter der Bereiche Kultur, Wissenschaft und Unterricht, aber auch ganz persönlich dafür ein, dass Forschungsprojekte zum Holocaust finanziell und institutionell unterstützt werden, und habe auch in diesem Sinne für eine Verankerung zur Förderung der Gedenk- und Erinnerungskultur in der NÖ Kulturstrategie gesorgt.

Als Vertreter der Landeskultur darf ich Ihnen daher versichern: Wir sind dabei, die Ehemalige Synagoge St. Pölten – und damit auch das Injoest in deren Kantorhaus – sowie das Haus der Geschichte im Museum Niederösterreich in St. Pölten zu DEN führenden Lern- und Gedenkorten in Ostösterreich auszubauen. Des Weiteren wollen wir verstärkt Initiativen unterstützen, die sich um die Verwaltung, Pflege und Zugänglichmachung von Orten des NS-Terrors verdient machen. In Zusammenarbeit mit den zuständigen Bundesstellen möchten wir diesen Projekten vermehrt Unterstützung zukommen lassen. Ein Beispiel dafür ist das Melk Memorial, bei dessen Aktivitäten wir schon seit einigen Jahren erfolgreich kooperieren.

Auch „Kunst im öffentlichen Raum des Landes Niederösterreich" hat seit Jahrzehnten in diesem Bereich Kompetenzen erworben. Künstlerinnen und Künstler beschäftigen sich hier intensiv mit unserer Geschichte und bringen sie durch ihre Kunstwerke in den öffentlichen Raum, um sie diskursiv zur Debatte zu stellen. Diese Bemühungen sollen auch in Zukunft auf Projektebene fortgesetzt werden. Ein dritter und weiterer sehr wichtiger Teil unserer Kulturstrategie betrifft die historische Aufarbeitung musealer Sammlungen. Die Provenienzforschung in den Landessammlungen Niederösterreich widmet sich seit einigen Jahren aktiv der Untersuchung des Erwerbs von Sammlungen sowie der Geschichte hinter den einzelnen Objekten.

Ich bin dem Institut für jüdische Geschichte Österreichs, dem Injoest, für seine Forschungsarbeit und die stets erstklassige Verbreitung der Ergebnisse sehr dankbar, und auch stolz auf den bereits gemeinsam mit der Kulturabteilung beschrittenen Weg. Die aktuelle Ausstellung von Gisela Rottonaras Bildern, deren Kurator Dr. Benjamin Grilj ich besonders danken möchte, bietet eine weitere wichtige Möglichkeit, über die dunkle Geschichte unserer Vergangenheit zu reflektieren und daraus Lehren für unsere Gegenwart und Zukunft zu ziehen. Daher freue mich besonders, dass diese Ausstellung, welcher eine lange und akribische Forschungstätigkeit vorausgegangen ist, hier in St. Pölten gezeigt werden kann.

Hermann Dikowitsch
Leiter der Abteilung Kunst und Kultur des Landes Niederösterreich

Zur Eröffnung

Elfriede Kreuzer

Sehr geehrte Damen und Herren, ich darf Sie auch von meiner Seite recht herzlich zur Eröffnung dieser Ausstellung begrüßen. Es war geplant, dass ich diese gemeinsam mit meinen Verwandten in Israel, der Familie Kerpen, besuche. Aufgrund des mörderischen Überfalles der Hamas und der derzeit unabsehbaren Folgen ist dies nicht möglich.

Die Familie Kerpen und die Familie Rind, meine Vorfahren, haben einen gemeinsamen Ursprungsort: das Waldviertel. Es gab zwei jüdische Familien innerhalb von 6 Kilometern. Das Schicksal der Familie Kerpen lässt sich an folgenden Orten verfolgen: Maly Trostinec, London und das damalige Palästina. Das Schicksal der Familie Rind lässt sich an folgenden Orten verfolgen: Shanghai, Maly Trostinec, Drancy, Ausschwitz, Theresienstadt und das damalige Palästina. In Palästina, dem heutigen Israel, trafen sich beide Familien, und wie das Leben so spielt, heiratete eine Rind-Tochter einen Kerpen-Sohn. Die Familie Kerpen in Israel ward geboren.

Nach dem Krieg lebten in Österreich noch zwei Mitglieder dieses Zweiges der sehr weitschweifigen Familie Rind: meine Großmutter und meine Mutter. Mit ihnen gemeinsam wohnte nunmehr die erste Frau eines Onkels meiner Mutter – die „Tante Ilona". Tante Ilona war in Theresienstadt und kehrte zurück. Und sie brachte eine Zeichnungsmappe mit. Diese Mappe lag jahrelang in der versteckten Obhut meiner Mutter. Gegen Ende ihres langen und entbehrungsreichen Lebens durfte ich diese Mappe in meine Obhut nehmen – jedoch nur mit dem Versprechen, sie immer in Ehren zu halten.

Es ist Zeit, diese Zeichnungen zu zeigen – in Ehre und tiefem Respekt vor der Künstlerin und all den Opfern dessen, was Hannah Arendt als „Das hätte niemals passieren dürfen" bezeichnete. Durch Zufall traf ich – bei einer Blutabnahme – Herrn Dr. Benjamin Grilj. Wir kamen ins Gespräch – und daraus entstand, dass nun erstmals diese Bilder gezeigt werden. Dafür darf ich Ihnen und allen beteiligten Personen meinen Dank aussprechen.

Danken möchte ich aber auch denjenigen, die – wie das Christentum sagt – „die Stimme des Gewissens dem formalen Gehorsam entgegenhalten". Unter anderem der Familie Rapolter-Pichler, die mit der Familie meiner Mutter immer befreundet war und ist, und Frau Anita Haselböck, die mit ihrer Kraft meiner Mutter eine Tochter war und ihr Leben bereichert hat. Danken möchte ich weiters all denjenigen, die, frei nach Karl Poppers Offener Gesellschaft, daran arbeiten zu erkennen, dass „wir allein die Verantwortung für unsere ethischen Entscheidungen tragen und niemand sonst diese Verantwortung übernehmen kann. Wir sind es, die eine Autorität anerkennen, ganz gleich, um welche Autorität es sich auch immer handeln möge. Und wir täuschen uns selbst, wenn wir diesen einfachen Umstand nicht erfassen."

In diesem Sinne hoffe ich, dass die Zeichnungen ihre mächtige Kraft entfalten werden.

Elfriede Kreuzer
Familienarchiv Kreuzer/Kerpen

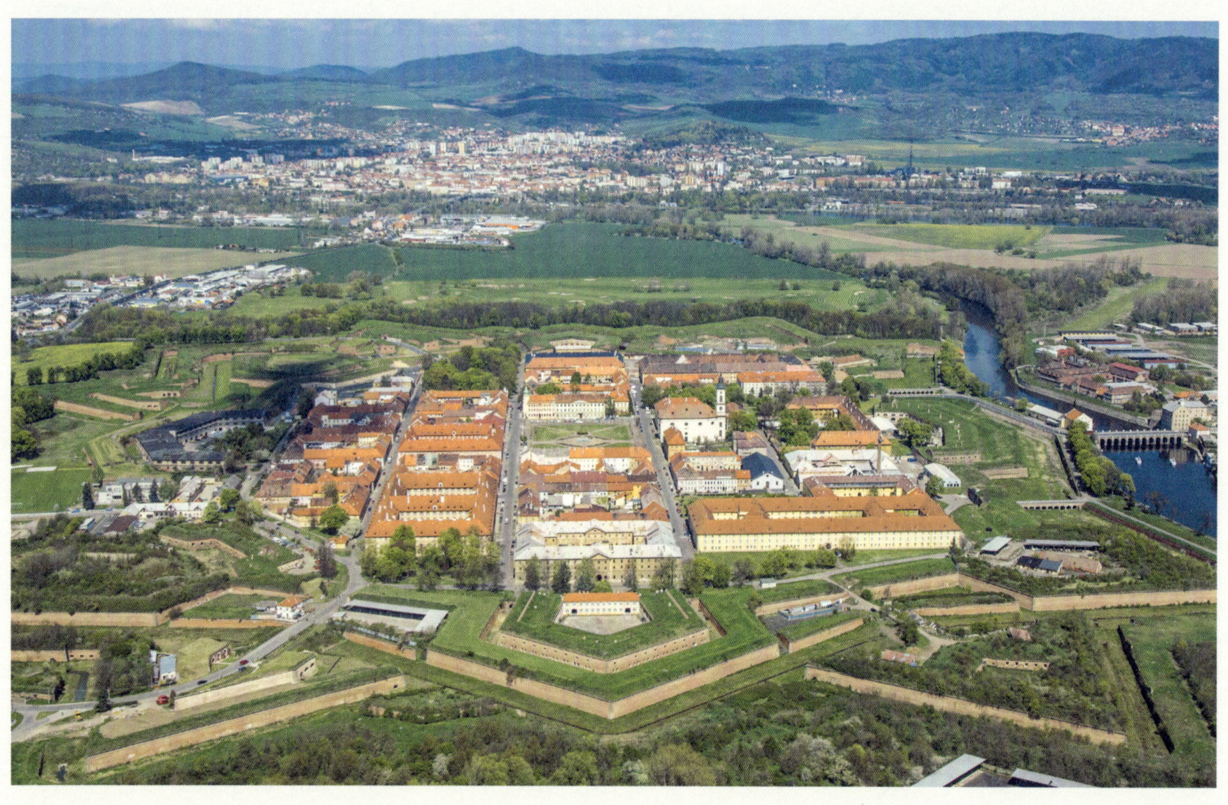

Luftaufnahme der Festung

Theresienstadt

Benjamin Grilj

Theresienstadt, heute Terezín im Norden Tschechiens, liegt in der Mitte zwischen Prag und Dresden. Es wurde Ende des 18. Jahrhunderts von Kaiser Joseph II. als Festung gegen die Preußen errichtet und nach seiner Mutter Maria Theresia benannt. Zu tief saß das Misstrauen nach dem Erbfolgekrieg, im Zuge dessen König Friedrich II. den größten Teil Schlesiens besetzt hatte. Auf einer Fläche von insgesamt 225 Hektar wurde eine sternförmige Festungsanlage mit zwei Verteidigungslinien errichtet, alles streng symmetrisch und rechtwinkelig. Sie galt als die modernste ihrer Zeit und wurde zum Vorbild ähnlicher Bauten. Insgesamt wurden elf Kasernen erbaut, wobei ein besonderer Fokus auf der Artillerie, der Kavallerie und dem Genie-Korps – heute würde man diese Einheit als Pioniere bezeichnen – lag, um rasch in den direkt angrenzenden feindlichen Raum vorrücken zu können. Auf der anderen Seite der Eger, tschechisch Ohře, wurde ein vorgelagerter Wachtposten angelegt, der in der Folge zu einem Militärgefängnis ausgebaut und „Kleine Festung" genannt wurde. Theresienstadt wurde allerdings nie zur Kampfzone und aufgrund der guten Infrastruktur zog zunehmend die tschechische Bevölkerung aus dem Umland in die Anlage. Nach der Niederlage bei Königgrätz und schließlich der Gründung des Deutschen Kaiserreiches verlor die Festung zunehmend an Bedeutung, 1888 folgten die Aufhebung des Status einer Festung und der Übergang zu einer Zivilverwaltung. Noch vor der Jahrhundertwende stellten die Tschechen die Bevölkerungsmehrheit und selbst der alte Name verblasste – im österreichischen Verkehrs- und Ortslexikon von 1905 findet man die Stadt bereits unter ihrem tschechischen Namen Terezín.

Einzig eine Kaserne und die Kleine Festung waren weiterhin in Betrieb. In Letzterer wurden zunehmend missliebige Menschen inhaftiert: zuerst politische Gefangene – wie Alexander Ypsliantis, Hadschi Loja oder Gavrilo Princip – und im Zuge des Ersten Weltkriegs, prophylaktisch wegen des Vorwurfs der Russophilie, über 1.000 Ruthenen – heute Ukrainer genannt – sowie 560 Soldaten des Schützenregiments Nr. 7 wegen der Meuterei von Rumburg im Mai 1918. Mit dem Zusammenbruch der habsburgischen Monarchie wurde Terezín eine Garnisonsstadt der tschechoslowakischen Armee und die Kleine Festung ein Hochsicherheitsgefängnis.

In der NS-Zeit

Nach der „Eingliederung" des Sudentenlandes in das nationalsozialistische Deutschland im Oktober 1938 und der Annexion der „Rest-Tschechei" im März 1939 übernahmen die Deutschen auch Terezín, das wieder zu Theresienstadt wurde. Ab Juni 1940 wurde in der Kleinen Festung ein Gestapo-Gefängnis eingerichtet, das anfangs zur Entlastung der Prager Gefängnisse dienen sollte, aber bald der zentrale Haft- und Todesort für den tschechischen Widerstand wurde. Bis zur Befreiung wurde es von Heinrich Jöckel geleitet – er sollte 1946 wegen der Ermordung von Häftlingen hingerichtet werden.
Im Oktober 1941 traf sich Jöckels Vorgesetzter Reinhard Heydrich mit dem von Wien nach Prag versetzten Adolf Eichmann, um bereits ein halbes Jahr vor der Wannsee-Konferenz die „Endlösung der Judenfrage" zu beschließen: Alle rund 88.000 Jüdinnen und Juden aus dem sogenannten Reichsprotektorat Böhmen und Mähren sollten in Theresienstadt konzentriert und in den Osten deportiert werden. Ein „zweites Konzentrationslager für Juden aus dem Protektorat werde nicht erwogen, [...] da bequem 50.000 bis 60.000 Juden untergebracht werden können."[1]

Diese Dimensionen machen deutlich, dass die Kleine Festung hierzu nicht herangezogen werden konnte, sondern dass es sich um Pläne für die Garnisonsstadt handelte. Die mittlerweile 7.000 Einwohner/innen der Stadt wurden umgesiedelt.

Theresienstadt wird in der Literatur sehr unterschiedlich beschrieben. So finden sich die Bezeichnungen Konzentrationslager, Ghetto, Durchgangs-, Transit- und Todeslager bis hin zu Vorzeige- oder Altersghetto und sogar „Judensiedlung". Die genaue Kategorisierung ist von hoher Bedeutung, da im NS-System mit ihr sowohl die Verpflegung als auch die Verpflichtung zu Zwangsarbeit definiert wurde. Auch für die Nachkriegsjustiz war diese Differenzierung zentral, da im Falle von Konzentrationslagern immer von Verbrechen gegen die Menschlichkeit – bzw. bei Kriegsgefangenen von Kriegsverbrechen – ausgegangen wurde, oder, besser gesagt, ausgegangen hätte werden müssen. Der Senatspräsident am Obersten Gerichtshof Wien, Universitätsprofessor für Bürgerliches Recht Hofrat Dr. Heinrich Klang, am 25. September 1942 selbst nach Theresienstadt deportiert, fragte sich laut den Erinnerungen von Hugo Friedmann, wo er nun sei, und vermutete ein Gefängnis. Oder doch „in einer Judensiedlung, einem Ghetto. Tatsächlich handelt es sich im juristischen Sinn um ein Gefängnis. Es enthält diejenigen, die verurteilt sind dem jüdischen Volk anzugehören. Selbst wenn dieses Urteil in einem unrechtmäßigen Verfahren erging. Sie haben kein Recht, das Territorium zu verlassen, sie unterliegen Gefängnisgesetzen, die ihre Freiheit einschränken."[2] Im folgenden Gespräch mit einem Rabbiner analysierte er neun Charakteristika eines Ghettos und schloss am Ende mit der Erkenntnis, dass Theresienstadt ein Konzentrationslager sein müsse.

Für die nationalsozialistische Bürokratie war intern die Kategorisierung für die Garnisonsstadt eindeutig: zuerst Sammel- oder Durchgangslager bzw. Ghetto, später ausschließlich Ghetto. Doch zeigte sich bei der Leitungsfunktion bereits der erste Bruch: Aus Gründen der Verschleierung wurde aus dem Lagerkommandanten ein Dienststellenleiter. Der letzte der drei Österreicher in dieser Funktion, Karl Rahm, nannte sich allerdings durchgehend Lagerkommandant – außer natürlich vor dem Gericht von Litoměřice im Jänner 1947. Die Kleine Festung, ab der Annexion meist „Gefängnis Theresienstadt“ genannt, erfüllte hingegen alle Kriterien eines KZ und verfügte über eine eigene Leitung, eigene Mannschaften und war sogar einer anderen Abteilung im Reichssicherheitshauptamt unterstellt.

Joseph Goebbels benötigte neben der bürokratischen Definition jedoch eine weitere, da die Deportation von Alten, Kriegsversehrten bzw. militärisch Hochdekorierten sowie von Prominenten schwer unter dem üblichen Deckmantel des „Arbeitseinsatzes im Osten“ präsentiert werden konnte. So ersann er die Idee des „Altersghetto“ und, noch perfider, der „Judensiedlung“. Das Ghetto wurde nahezu beworben und man bot sogar „Heimeinkaufsverträge“ an, in denen den späteren Opfern angemessene Unterbringung, Verpflegung sowie medizinische Versorgung versprochen wurde. Diese Maskerade wurde aber nicht nur nach außen getragen, sondern auch in Theresienstadt selbst angewandt: eine „jüdische Selbstverwaltung“ wurde eingerichtet, eine Schule, ein Gericht, eine Polizei, eine Feuerwehr und alle anderen Dinge, die eine Kleinstadt am Funktionieren halten. Selbst eine Universität, ein Theater und Musikkapellen gab es, ebenso wie eigenes Geld und eigene Briefmarken. Doch darf diese „Infrastruktur“ nicht über die tatsächliche Situation hinwegtäuschen: Diese Institutionen waren nur vorgeschoben und hatten keinerlei Verfügungsgewalt.

Theresienstadt war zu jedem Zeitpunkt massiv überbelegt, zur Spitzenzeit 1943 mussten dort 58.500 Menschen hausen. Die Versorgung war katastrophal: Statt der 2.500 Kalorien, die ein erwachsener Mensch zum Überleben braucht, waren offiziell bloß 1.800 vorgesehen, doch wurden, wie wir aus dem Tagebuch des vormaligen St. Pöltner Stadtbaumeisters Rudolf Tintner klar bestimmen können, de facto nur zwischen 600 und 800 ausgegeben. Seuchen, Mangelkrankheiten und Parasiten wie Flöhe und Läuse grassierten. Bei der vorhandenen Altersstruktur – mehr als die Hälfte der Inhaftierten war über 60 Jahre alt – führte dies zu einer besonders hohen Sterblichkeit.

Als im Oktober 1943 476 dänische Jüdinnen und Juden nach Theresienstadt verschleppt wurden, erreichte das Schauspiel einen neuen Höhepunkt, denn auf Druck der dänischen Regierung kündigte sich eine internationale Kommission des Roten Kreuzes an. Joseph Goebbels, Heydrichs Nachfolger Ernst Kaltenbrunner und Lagerkommandant Karl Rahm beschlossen daraufhin die „Verschönerungsaktion" des Ghettos: Der tatsächliche Lageralltag wurde hinter hübschen Fassaden versteckt, die Überbelegung innerhalb von einem Monat mit der Überstellung von 7.506 Jüdinnen und Juden nach Auschwitz reduziert. Diese Menschen wurden bei ihrer Ankunft in Birkenau nicht registriert, sind also unmittelbar danach ermordet worden. Der ebengenannte Rudolf Tintner war für die bauliche Umsetzung der „Verschönerungen" verantwortlich und beschrieb den Tag folgendermaßen:

„23. 06. 1944, nachts Straßenreinigung wegen internationaler Kommission. [...] Heute zum ersten Mal in der Speisehalle zu Mittag gegessen: Grießsuppe, gestampfte Kartoffeln mit Zwiebeln vermischt, gebratene Wurst mit gezuckertem Gurkensalat. [...] In der Magdeburger-Kaserne haben Ablader das Mehl in weißen Leinenanzügen mit weißen Handschuhen abgeladen. In der Sokolowna war im links liegenden Nebenraum, der zu der Terrasse führt, eine Bar mit Schank eingerichtet und ein schwarzbekleidetes Mädchen hat mit Limonade etc. bedient. Auf der Terrasse standen runde Tische mit Gartenschirmen, ein Café imitierend." Die Kommission wurde eingelullt und Goebbels war von dem Ergebnis derart begeistert, dass er einen Film in Auftrag gab: „Theresienstadt. Ein Dokumentarfilm aus dem Siedlungsgebiet" – besser bekannt unter dem Namen „Der Führer schenkt den Juden eine Stadt". Er wurde im August und September 1944 gedreht. Mit dem Ende der Dreharbeiten wurde fast das ganze Filmteam nach Auschwitz-Birkenau deportiert und ermordet.

Das Internationale Rote Kreuz hatte jedoch eine Einflussmöglichkeit erkannt und übte fortan Druck aus: Anfang 1945 gelang es, Inhaftierte in neutrale Länder zu bringen, im Februar folgten 1.200 Befreiungen in die Schweiz. Weitere Transporte scheiterten aber am persönlichen Veto Adolf Hitlers. Als sich am 6. April wieder eine Delegation ankündigte, wurde abermals versucht, diese zu täuschen, doch ließen sich deren Mitglieder nicht mehr hinters Licht führen und kündigten sogleich eine weitere Besichtigung am 2. Mai unter der Führung Paul Dunants an. Er sah, wie sich das Lager bereits auflöste, Beweise vernichtet wurden und sich die Wachmannschaften abzusetzen begannen. Am 5. Mai, dem Tage der Befreiung Münchens, verließ Karl Rahm Theresienstadt und übergab es offiziell dem Internationalen Roten Kreuz. In der Nacht vom 8. auf den 9. Mai 1945 erreichte und befreite die Rote Armee die Garnisonsstadt und die Kleine Festung.

Opferzahlen

Zwischen 24. 11. 1941 und dem Kriegsende wurden insgesamt 132.382 Menschen nach Theresienstadt verschleppt, wovon 33.456 vor Ort starben. 87.854 wurden in Vernichtungslager, allen voran nach Auschwitz-Birkenau, aber auch nach Treblinka, Majdanek oder Sobibor deportiert. Von den, laut aktuellen Zahlen, 15.164 nach Theresienstadt deportierten österreichischen Jüdinnen und Juden überlebten nur 521 die Shoah.[3]

1 Rudolf Iltis, Theresienstadt. Wien 1968, S. 12.

2 Hugo Friedmann, Manuskript. In: Elena Makarova, Sergej Makarov, Victor Kuperman (Hgg.), University over the Abyss. The story behind 489 lecturers and 2309 lectures in KZ Theresienstadt 1942–1944. Jerusalem 2000, S. 225.

3 Zahlen laut OeStA, Bestand FLD, Transportlisten. Es handelt sich dabei um die von den Nationalsozialisten angelegten „Transportlisten", die mit den Daten des Dokumentationsarchivs des österreichischen Widerstandes sowie der Terezínské Initiativy abgeglichen sind.

Weiterführende Literatur:

- H. G. Adler, Theresienstadt 1941–1945. Das Antlitz einer Zwangsgemeinschaft. Göttingen 2012 (Reprint von 1960[2]).
- Wolfgang Benz, Theresienstadt: Eine Geschichte von Täuschung und Vernichtung. München 2013.
- Benjamin Murmelstein, Theresienstadt: Eichmanns Vorzeige-Ghetto. Wien 2014.

Daten und Zahlen Theresienstadt 1941–1945

1. Transport aus dem Protektorat	24. 11. 1941
1. Transport aus dem Deutschen Reich	2. 6. 1942
1. Transport aus Wien	20. 6. 1942
1. Transport aus den Niederlanden	21. 4. 1943
1. Transport aus Dänemark	2. 10. 1943

In Theresienstadt eingelangt	
aus der Tschechoslowakei	70.329 Personen in 192 Zügen
aus dem Deutschen Reich	39.102 Personen in 324 Zügen
aus Österreich	16.335 Personen in 51 Zügen
aus den Niederlanden	4.558 Personen in 8 Zügen
aus anderen Ländern	2.058 Personen in 17 Zügen
insgesamt	**132.382 Personen**
davon vor Ort gestorben	33.456 Personen
in den Osten deportiert	87.854 Personen
Geflohene oder vor dem 5. 5. 1945 Freigelassene	2.418 Personen

in Theresienstadt geboren	192 Personen
in Theresienstadt befreit	16.832 Personen

Am 5. 5. 1945 noch in Theresienstadt anwesend	
aus Deutschland	5.500 Personen
aus Wien Deportierte	1.400 Personen

Altersstruktur in Theresienstadt	**gesamt**	**aus Deutschland**	**aus Österreich**
unter 18 Jahren	20,29 %	3,03 %	5,43 %
19–45 Jahre	14,87 %	7,02 %	11,46 %
45–60 Jahre	17,51 %	16,63 %	16,14 %
über 60 Jahre	47,65 %	74,29 %	66,97 %

Zahlen erhoben von Benjamin Grilj auf Basis der Holocaust Encyclopedia des United States Holocaust Memorial Museum und der Deportationsdatenbank Yad Vashem, Stand Oktober 2023

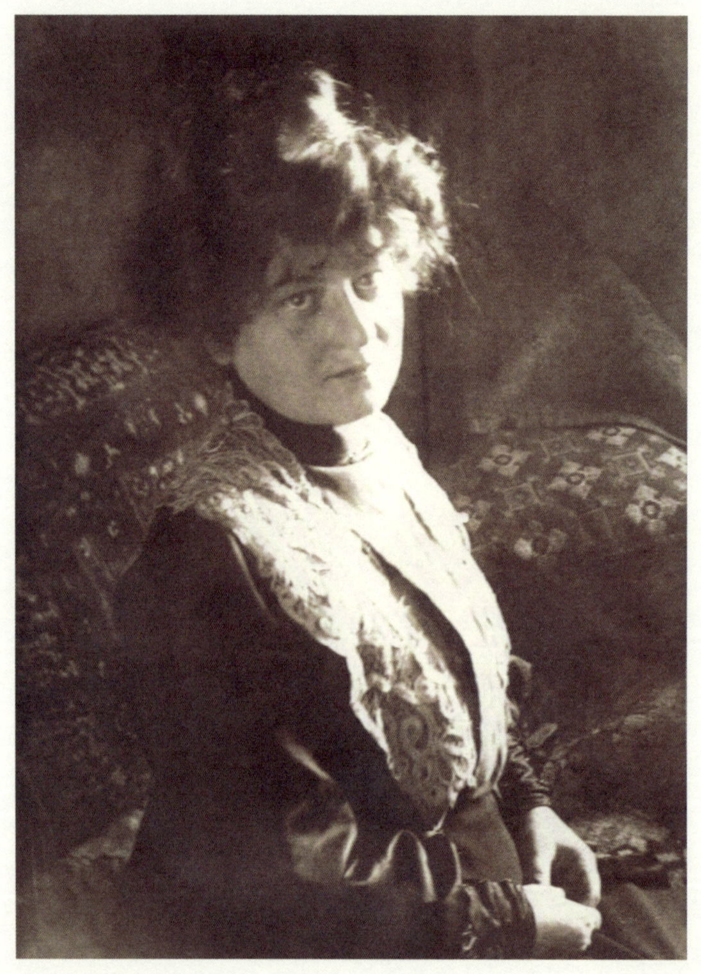

Porträt Gisela Rottonara, um 1910.
Entnommen aus: Oskar Pausch, Franz Angelo Rottonara. Ein Maler aus Corvara. Istitut Ladin Micurà de Rü (Hg.), San Martin de Tor 2008, S. 64

Gisela Rottonara, geb. Tauber

Benjamin Grilj

Die Taubers, eine Kaufmannsdynastie aus Böhmen, ließen sich Ende des 18. Jahrhunderts im damaligen Ostungarn nieder. 1834 wurde in Timişoara Adolf Aron geboren, der 1869 Franziska Bachruch aus dem nahen Arad heiratete. So wie in anderen Grenzregionen trat der Nationalismus hier besonders deutlich zutage und war häufig antisemitisch durchsetzt. Unmittelbar nach der Geburt des ersten Kindes migrierte die Familie nach Wien, wo noch weitere vier Kinder zur Welt kommen sollten, darunter am 17. November 1873 Tochter Gisela. Die kleinbürgerliche, nicht sonderlich religiöse Familie lebte im 7. Wiener Gemeindebezirk, wo der Vater als Buchhalter arbeitete, während sich die Mutter um Haushalt und Kinder kümmerte. In den späten 1890er Jahren begann Gisela bei dem 25 Jahre älteren Franz Angelo Rottonara Kunstunterricht zu nehmen. Ihre ersten Ausstellungen mit namentlicher Erwähnung hatte sie um die Jahrhundertwende, wo sie vor allem als Kopistin auftrat, so zum Beispiel von Peter Paul Rubens „Spielenden Kindern".

Franz Rottonara stammte aus einer nicht besonders begüterten Wirtsfamilie in Corvara, Südtirol, doch ein Stipendium seines Geburtsdorfes ermöglichte es ihm, zuerst in München bei Moritz Schwind und später in Wien bei Ferdinand Laufberger zu studieren. 1877 heiratete er Karoline Christina Lutz und die beiden bekamen drei Töchter. Nach Abschluss seines Studiums begann er im Atelier Brioschi und Kautsky als Bühnenmaler zu arbeiten und stieg zum Geschäftspartner auf. Ab 1893 war er Mitglied der „Gesellschaft der Bildenden Künstler Wiens". Zu dieser Zeit verstarb seine Frau. Anfang 1903 heiratete er seine Schülerin Gisela Tauber, die zuvor aus dem Judentum ausgetreten war.

Franz Rottonara malte in diesen Jahren für zahlreiche führende Theater- und Opernhäuser, insbesondere für die Hofoper Wien, das Raimundtheater, das Carltheater, das Theater in der Josefstadt, das Theater an der Wien, das Preußische Staatstheater Berlin und die Königliche Oper unter den Linden. Darüber hinaus war er aber auch für Theaterhäuser in Zürich, Prag, Bielsko Biala, London, New York und weitere tätig. Mit der Secession setzte sich allerdings auch in der Theatermalerei ein neuer Stil durch, mit dem sich Rottonara nicht anfreunden konnte, sodass er sich spätestens ab dem Ende des Ersten Weltkrieges aus dem Berufsleben zurückzog. Die wirtschaftliche Situation der Familie verschlechterte sich damit drastisch. Sie verließ Wien und lebte fast durchgehend in der Villa „Burg" Trafoi am Semmering, die zu einem europäischen Künstlertreffpunkt wurde, wie man noch heute aus dem Gästebuch ersehen kann. Die Stadt Wien unterstützte das Ehepaar finanziell mit einer Ehrenpension.

Mit der Machtübernahme der Nationalsozialisten im März 1938 war die nach den „Nürnberger Rassengesetzen" als „jüdisch" definierte Gisela vorerst durch ihre „Mischehe" geschützt, doch verstarb Franz bereits am 26. Mai dieses Jahres, womit der Schutz erlosch. Trotzdem konnte sie – vermutlich, weil sie sich um ihre pflegebedürftige, nur neun Jahre jüngere Stieftochter Eugenia kümmerte und dafür von der Künstlervereinigung finanziell unterstützt wurde – weiterhin in der Familienwohnung in der Johann-Strauß-Gasse in Wien 4 bleiben. Wie der Stempel mit dem Zusatznamen „Sarah" beweist, der am 26. April 1939 in ihre Geburtsmatrikel eingetragen wurde, stand sie durchaus im Fokus der nationalsozialistischen Bürokratie. Eventuell profitierte sie doch noch eine Zeitlang von der Prominenz ihres Ehemannes, der ein Ehrengrab der Stadt Wien am Wiener Zentralfriedhof erhalten hatte. Jedenfalls musste sie erst Ende Juni 1942[1] in das Heim für „nicht-arische Katholiken" in der Tröllergasse 15, Wien 21, zwangsumsiedeln. Von dort wurde sie am 10. Juli 1942 gemeinsam mit 51 weiteren Personen nach Theresienstadt deportiert. Niemand von ihnen sollte überleben.

Trotz ihres hohen Alters wurde Gisela Rottonara nicht in das berüchtigte Alters- und Siechenheim hinter der Hohenelber Kaserne eingewiesen, das für seine besonders hohe Sterblichkeit bekannt war. Sie kam im Ghetto in einem kleinen Haus in der Kurzen Straße 6 unter und bewegte sich – wie man an ihren Zeichnungen nachvollziehen kann – hauptsächlich in der unmittelbaren Nachbarschaft. Die Lebensumstände in Theresienstadt waren grausam und von Mangel an allen lebensnotwendigen Gütern gekennzeichnet. Im Dezember 1942, nicht einmal ein halbes Jahr nach ihrer Ankunft, wurde Gisela Rottonara in das Spital in der Jägerkaserne gebracht. Dort verstarb sie am 23. Jänner 1943 – offiziell an Herzmuskelentzündung und einem Darmkatarrh.

Wie so viele Opfer der Shoah hat auch Gisela Rottonara kein Grab. Ihre Asche dürfte im Zuge der Vertuschungsaktion Ende April/Anfang Mai 1945 gemeinsam mit der von 24.000 weiteren Ermordeten in die nahe Eger (Ohře) geschüttet worden sein.

1 Meldeauskunft vom Wiener Stadt- und Landesarchiv, 21. 8. 2021,
eingeholt von Rosemarie Burgstaller. Ich bedanke mich für die Übermittlung.

Weiterführende Literatur:

- Rosemarie Burgstaller (Hg.), Das Herz so schwer wie Blei. Kunst und Widerstand im Ghetto Theresienstadt. Wien 2018.
- Johannes Kammerstätter, Unsere jüdischen Landsleute und ihr tragbares Vaterland. Bd. 4: Das Erbe lebt. Wieselburg 2019, S. 199–201 und 203.
- Christine Lindner, Der Bühnenmaler Franz A. Rottonara (1848–1938), in: Ladinia IX, 1985, S. 101–126.
- Christine Lindner, Libr por i foresti nell Ciastell Trafoi – das Wiener Gästebuch von Franz A. Rottonara, in: Ladinia XII, 1988, S. 219–232.
- Oskar Pausch, Franz Angelo Rottonara. Ein Maler aus Corvara. Istitut Ladin Micurà de Rü (Hg.), San Martin de Tor 2008.

Rechts: Rückseite der Bildermappe mit den Deportations- und Sterbedaten Gisela Rottonaras

Rottbauer

IV/3 No 927

+ 23. I. 43 Zimmer 5

v jäsle

Menschen

Rechts: Gefangene

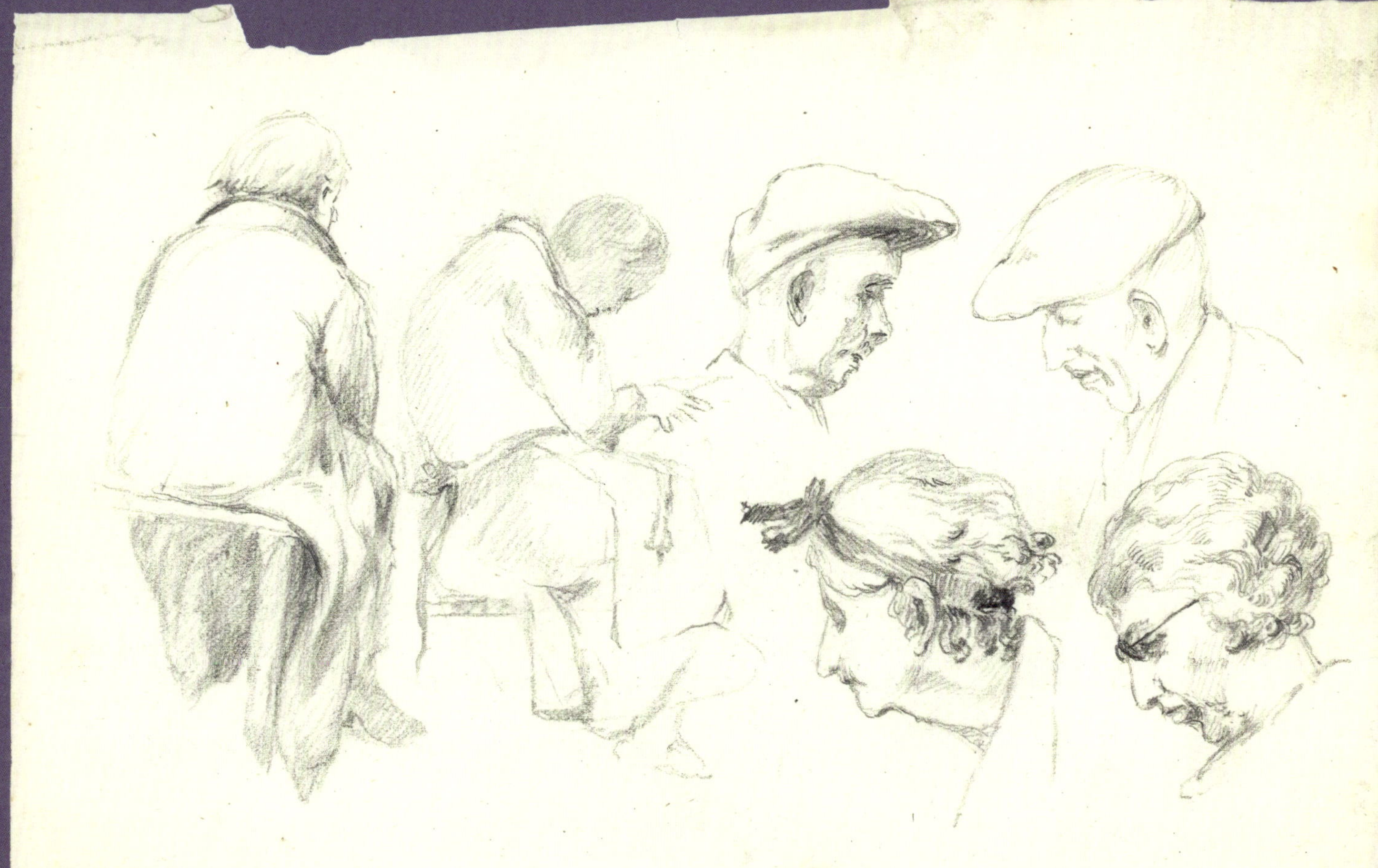

Gefangene, 1942 Theresienstadt

Gisela Rottmann

Nr 26

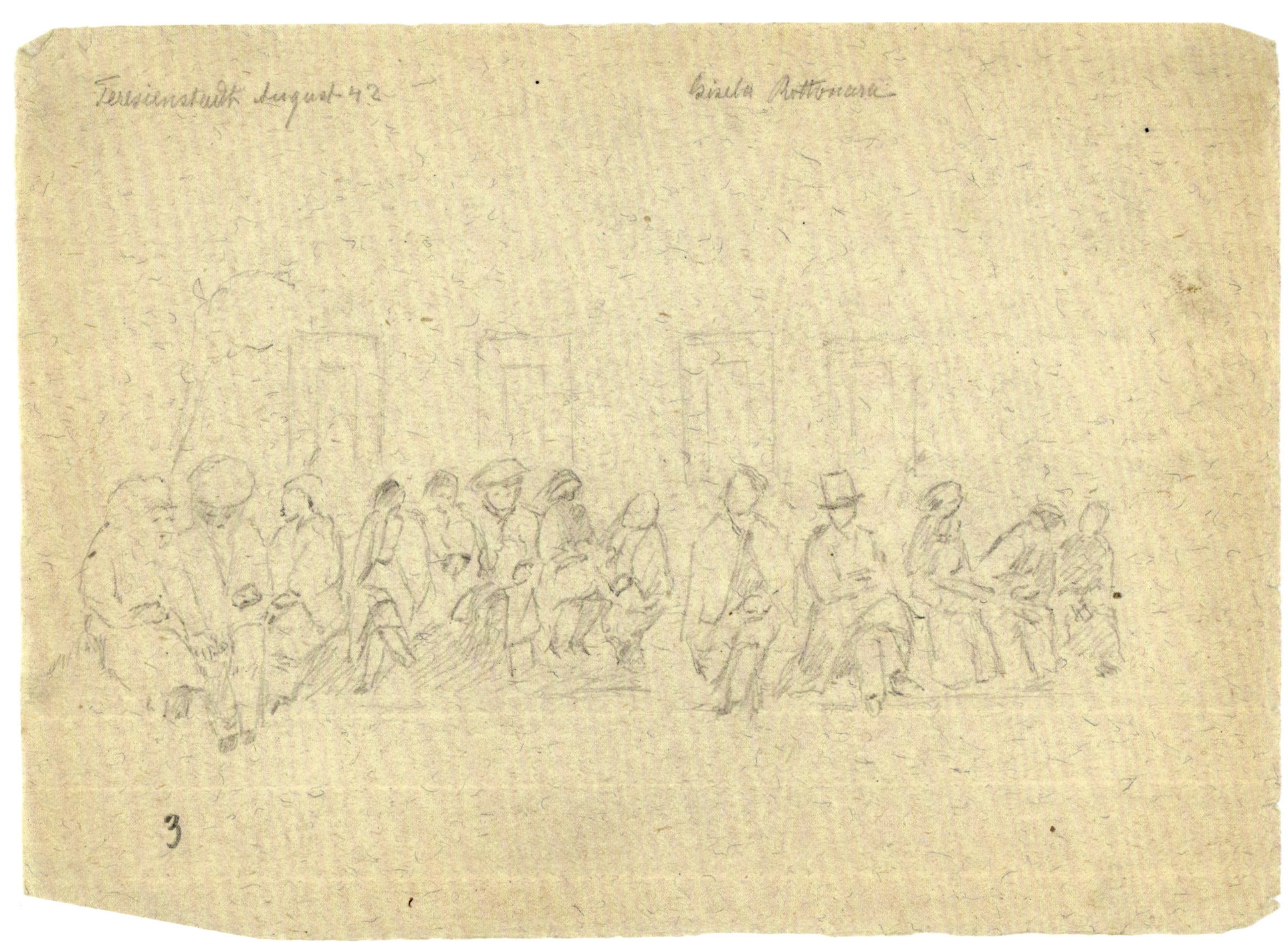
Teresienstadt August 42
Gisela Rottonara
3

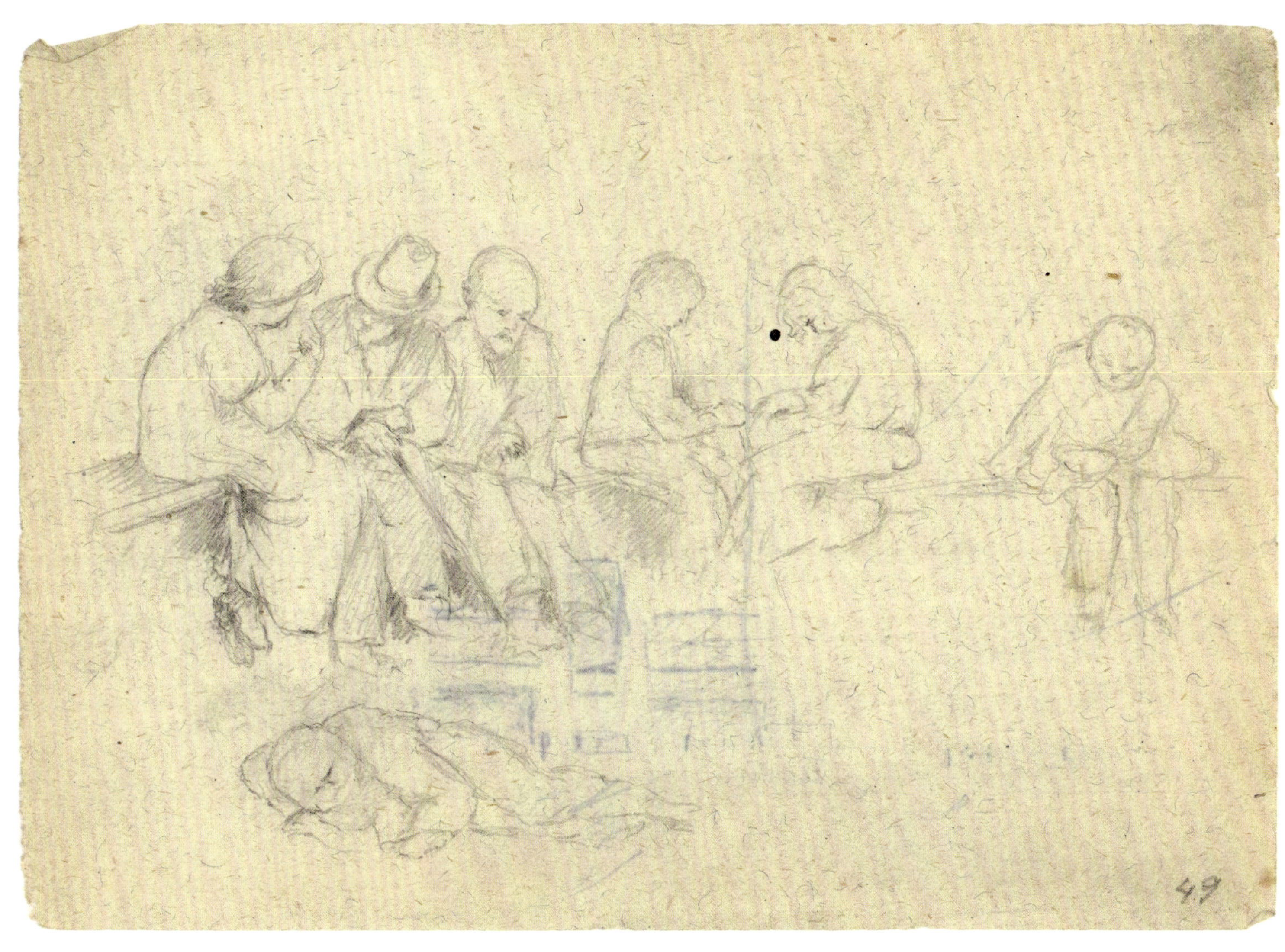

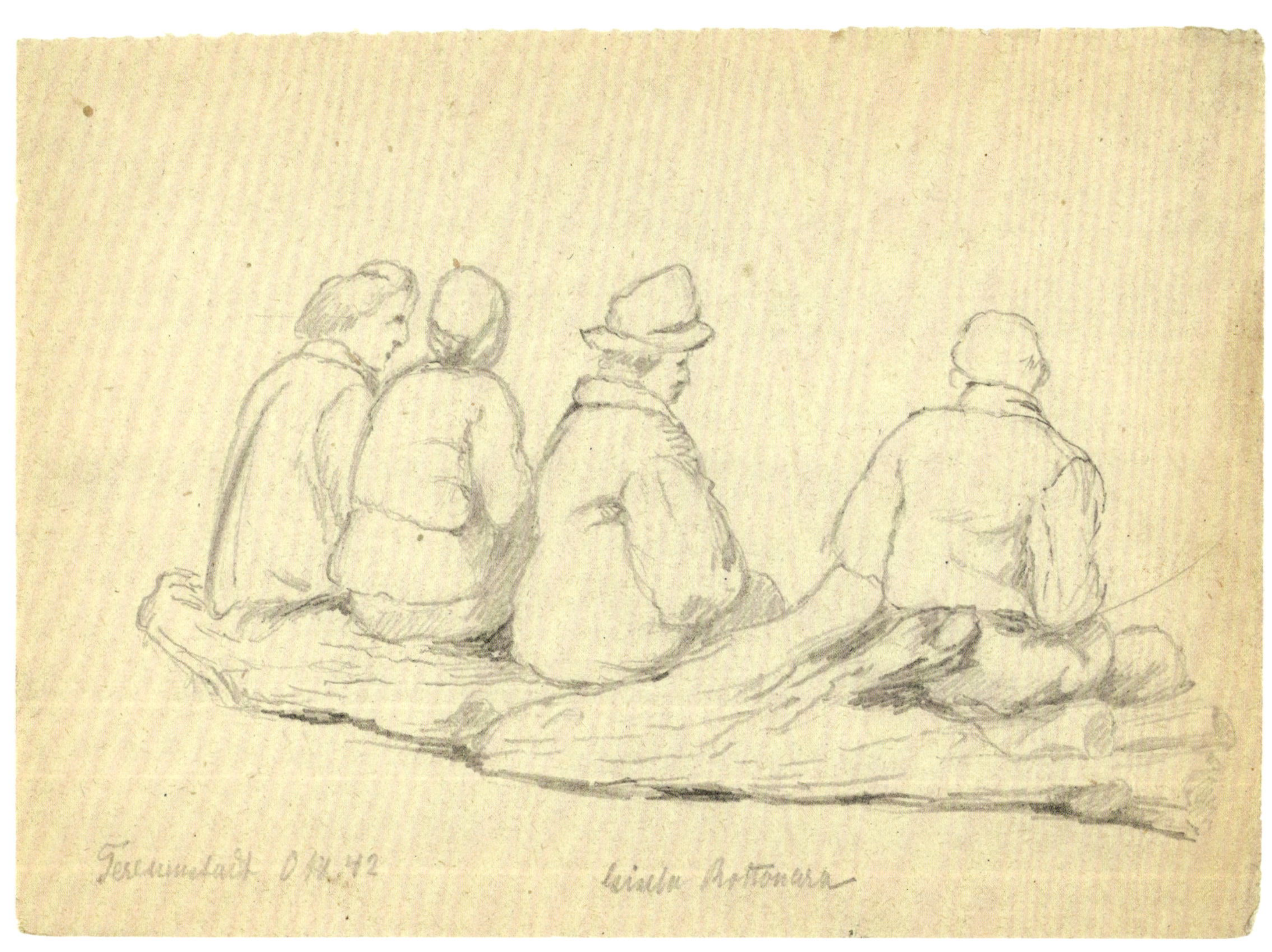

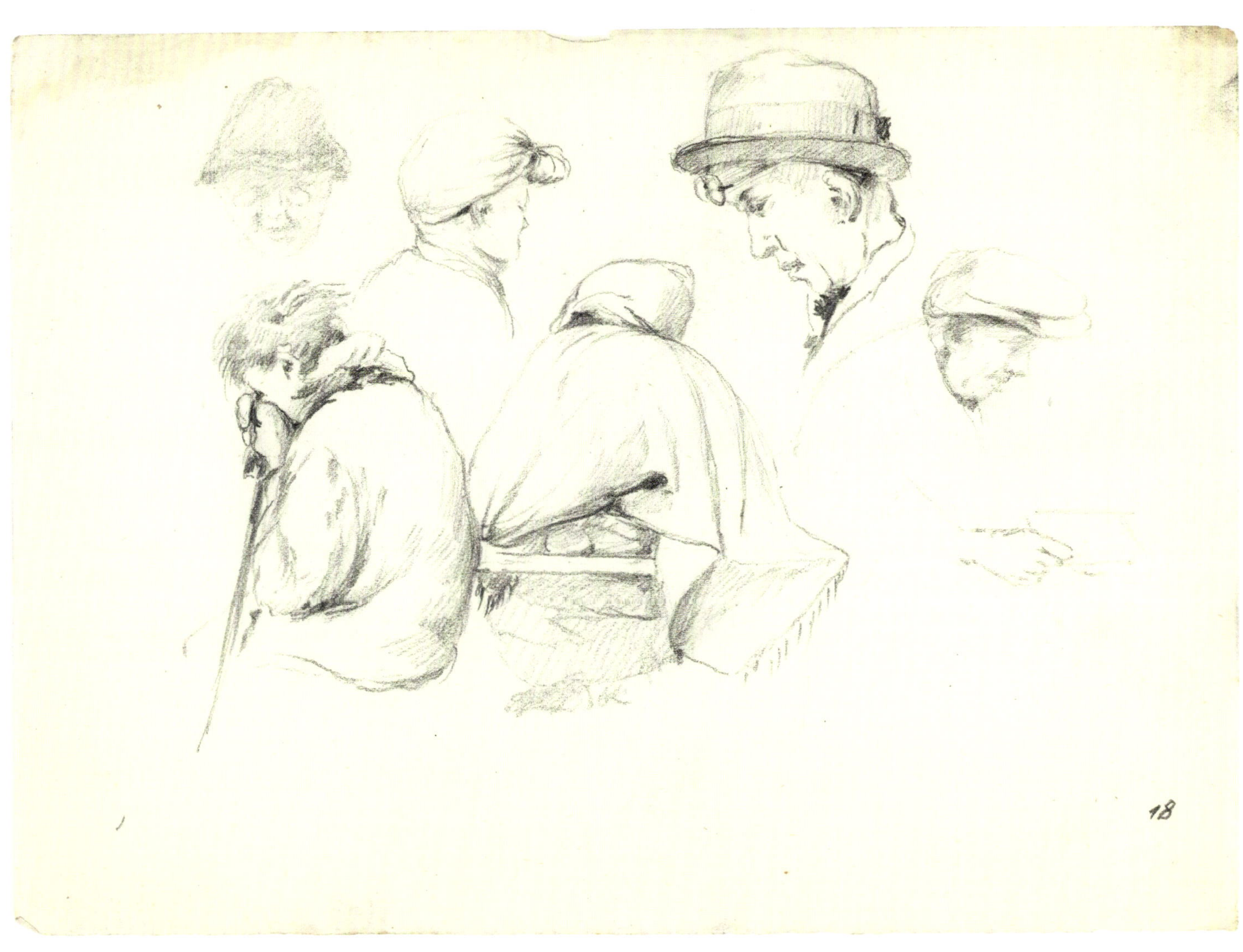
18

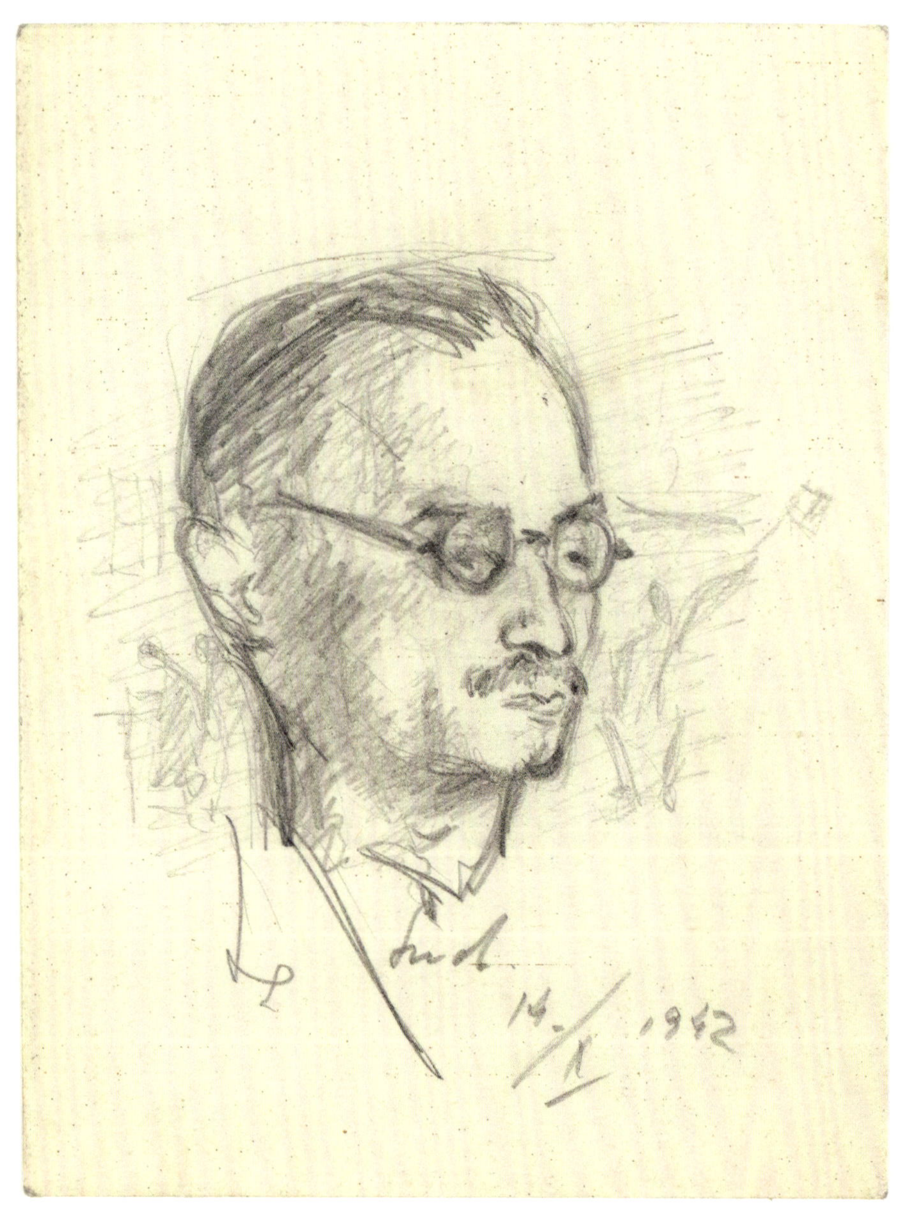

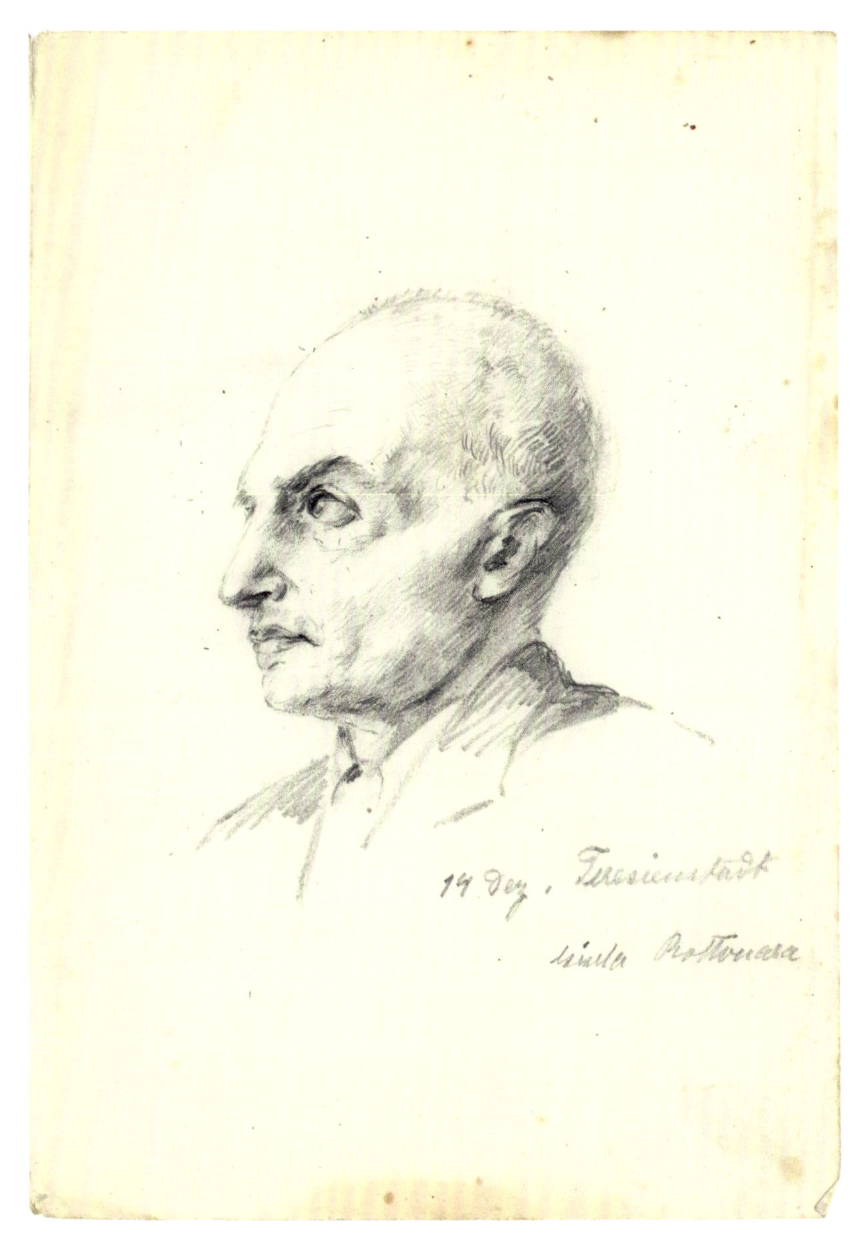

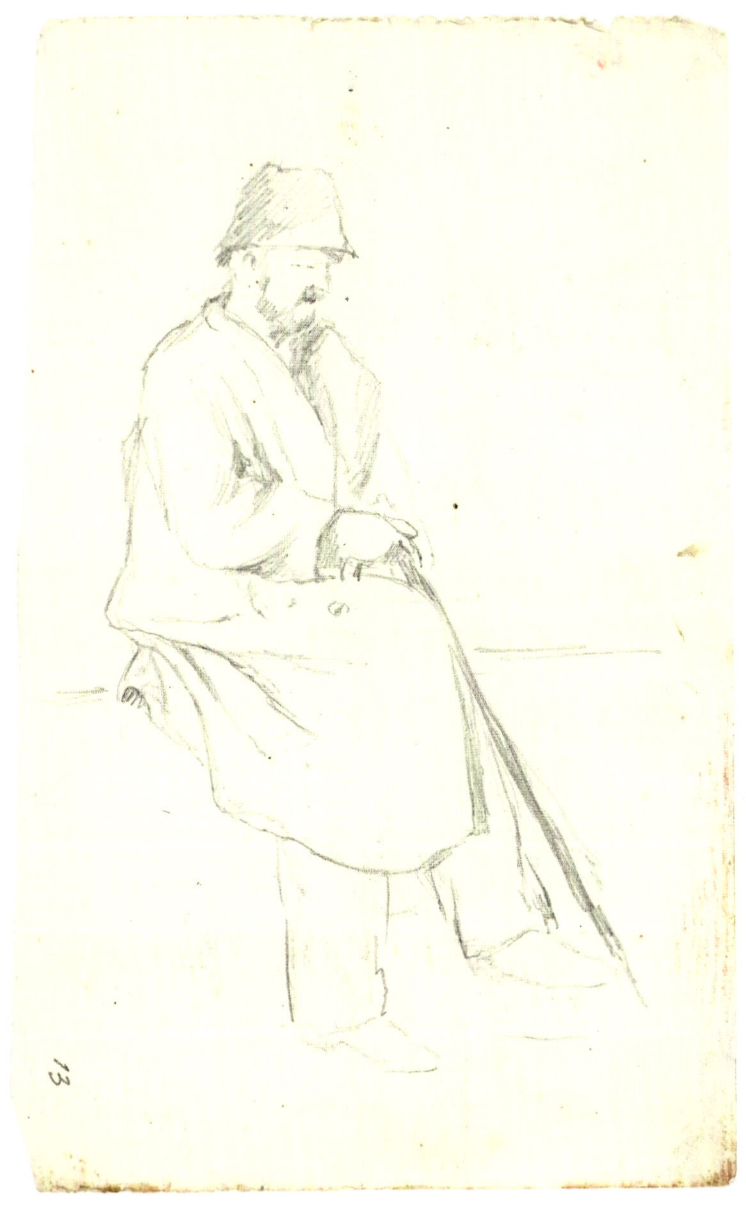

Straßen und Häuser

Rechts: Strasse im Ghetto

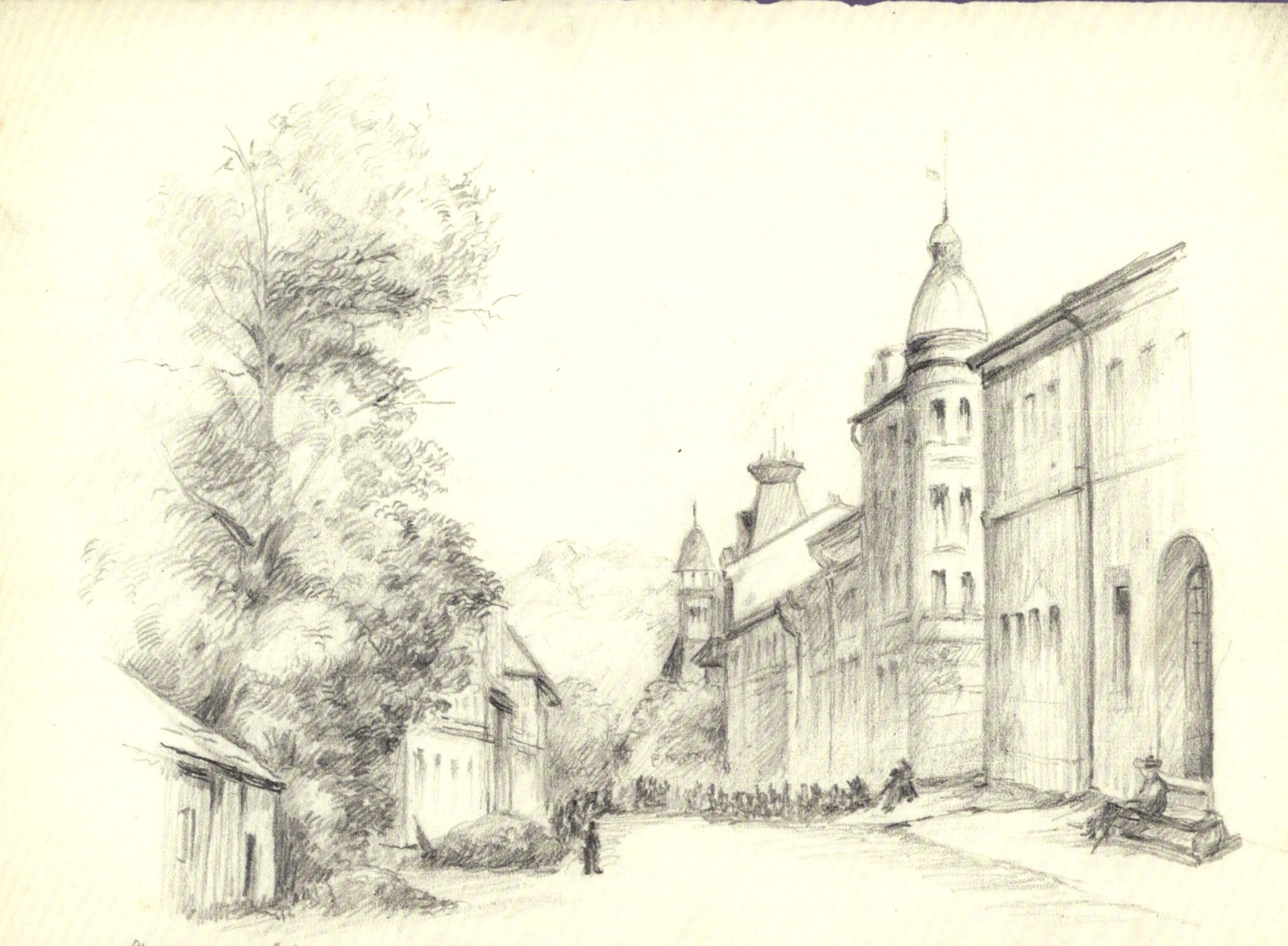

Strasse im Ghetto Theresienstadt 1942 Gisela Rottonara 47

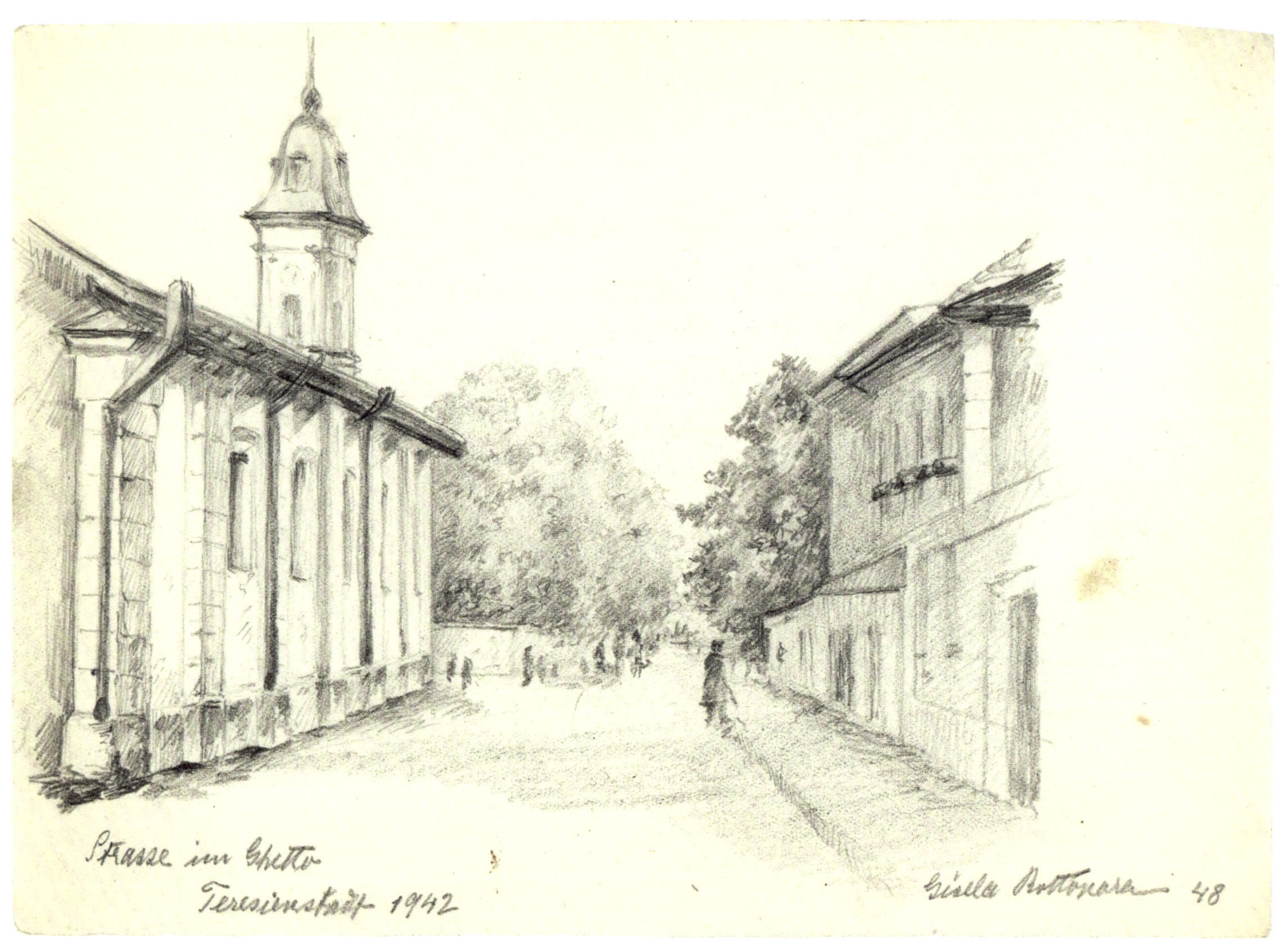

Strasse im Ghetto

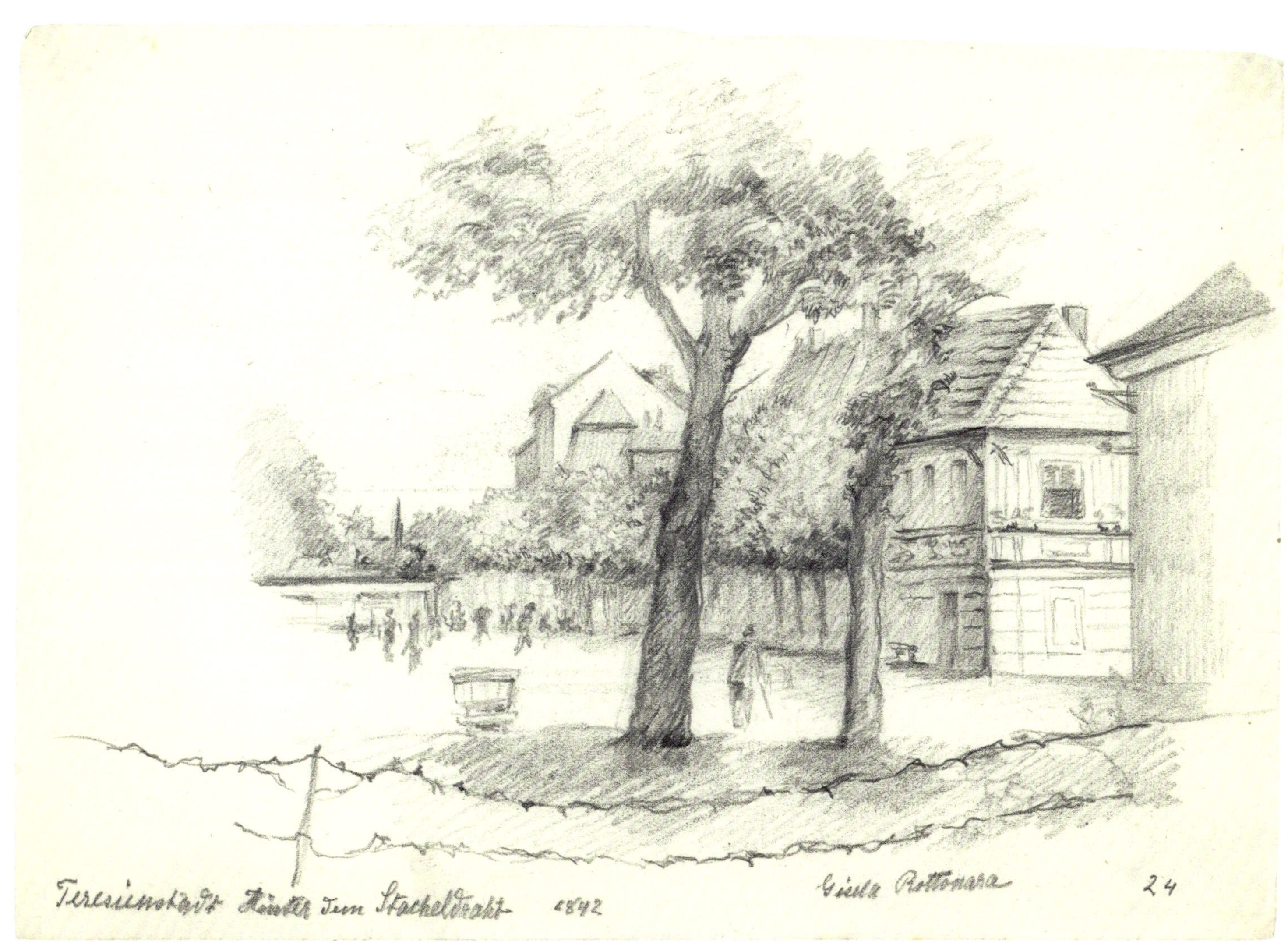

Hinter dem Stacheldraht

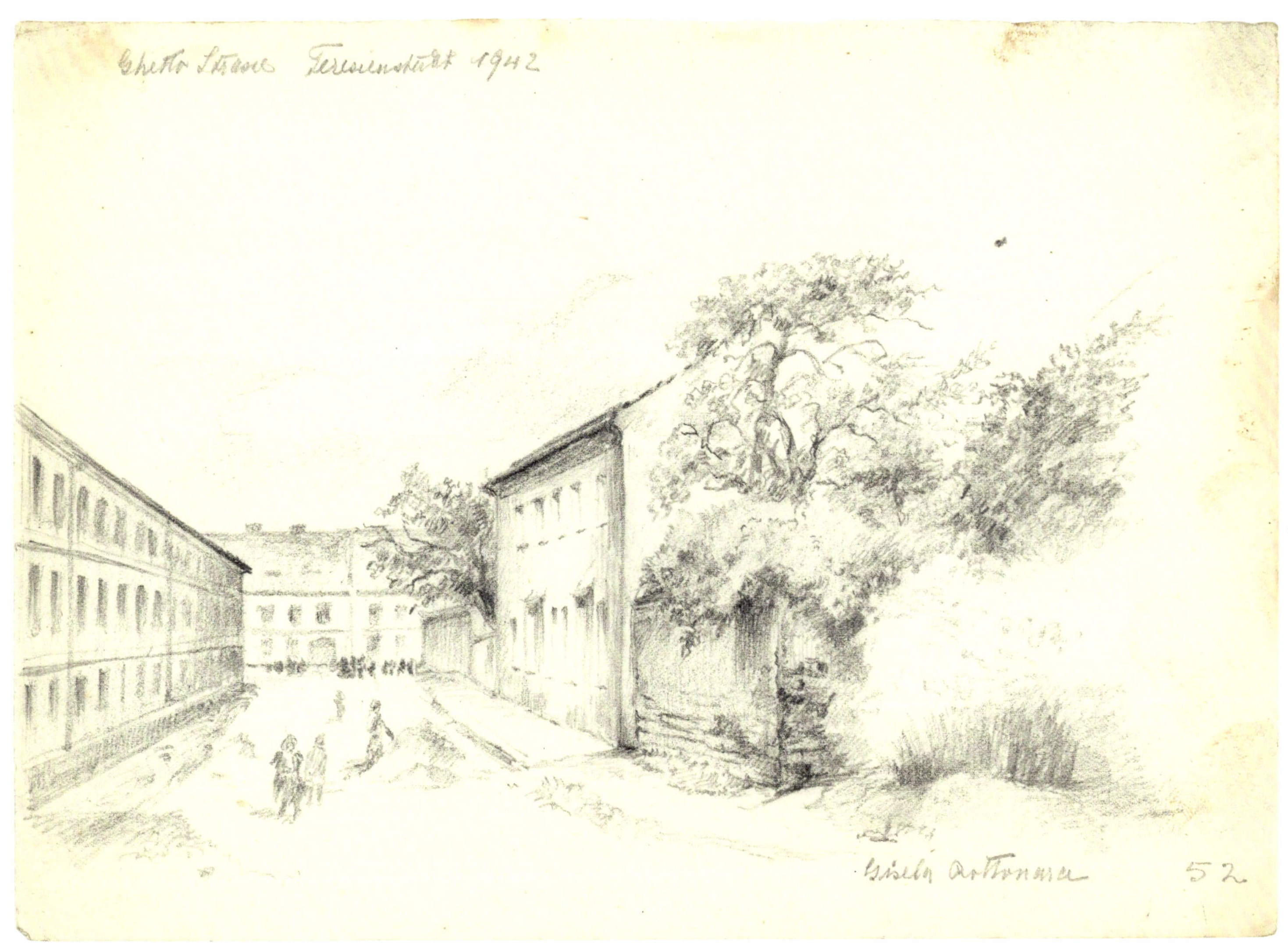

Ghetto Strasse

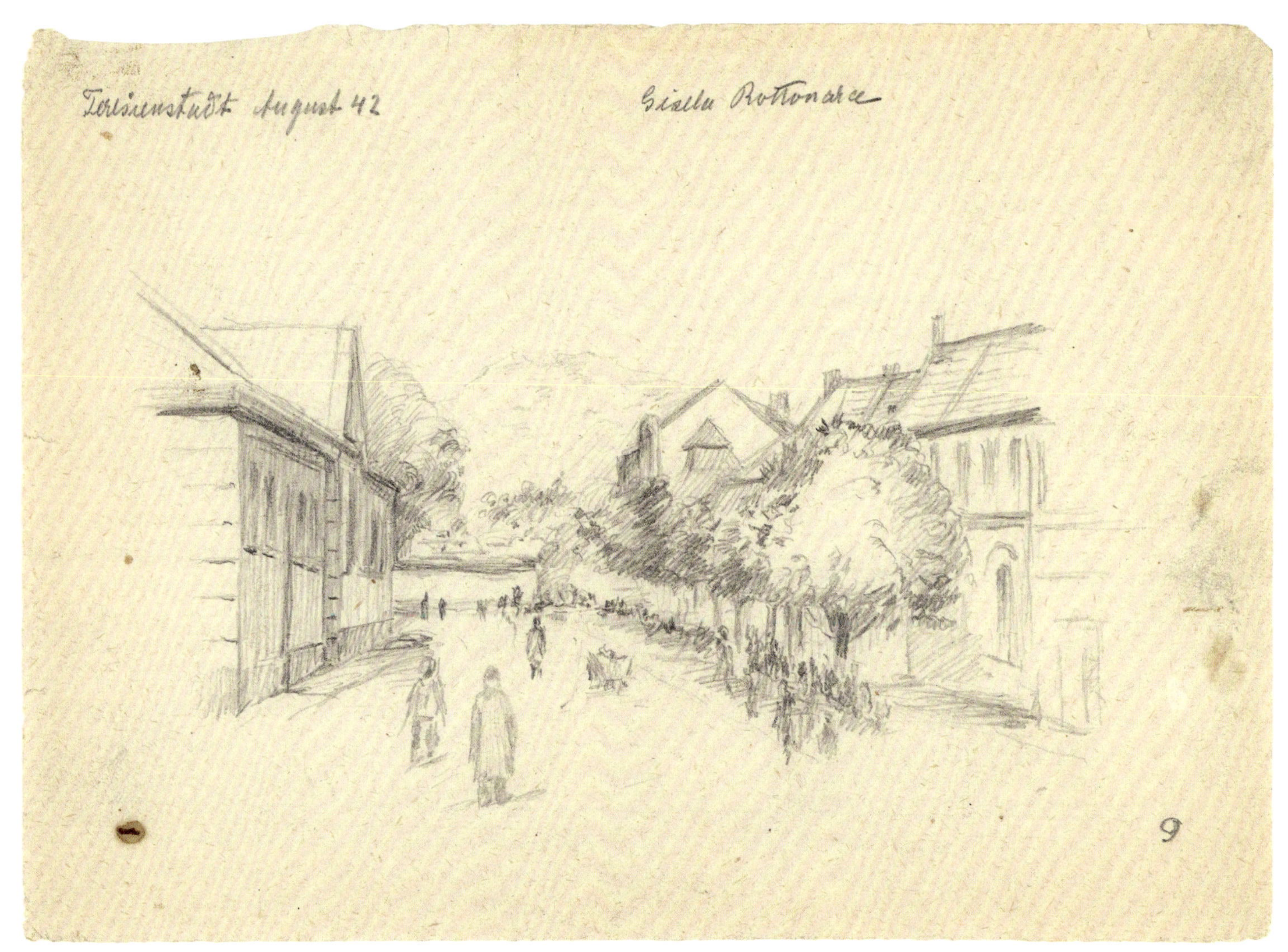
August 42
9

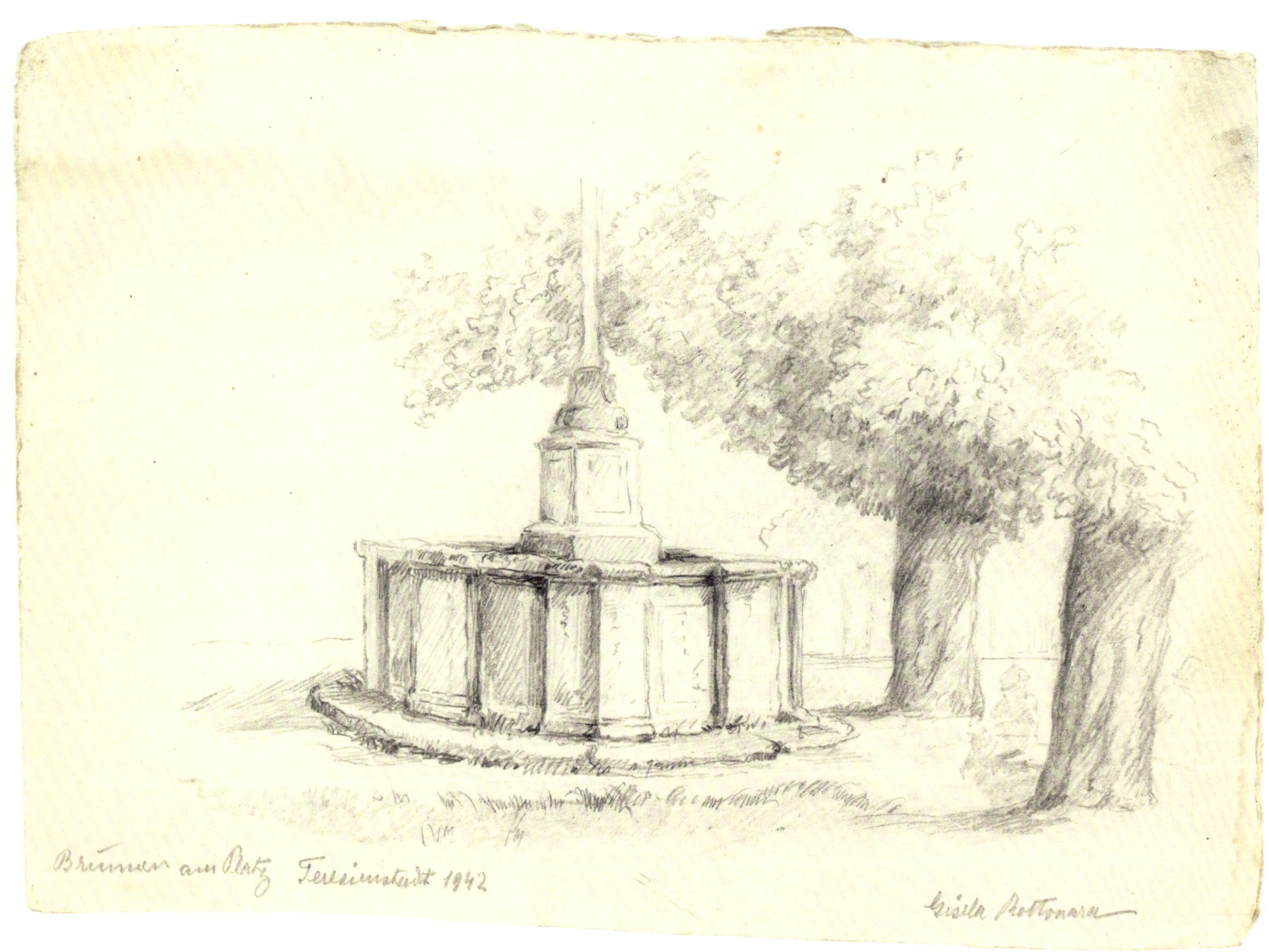

Brunnen am Platz

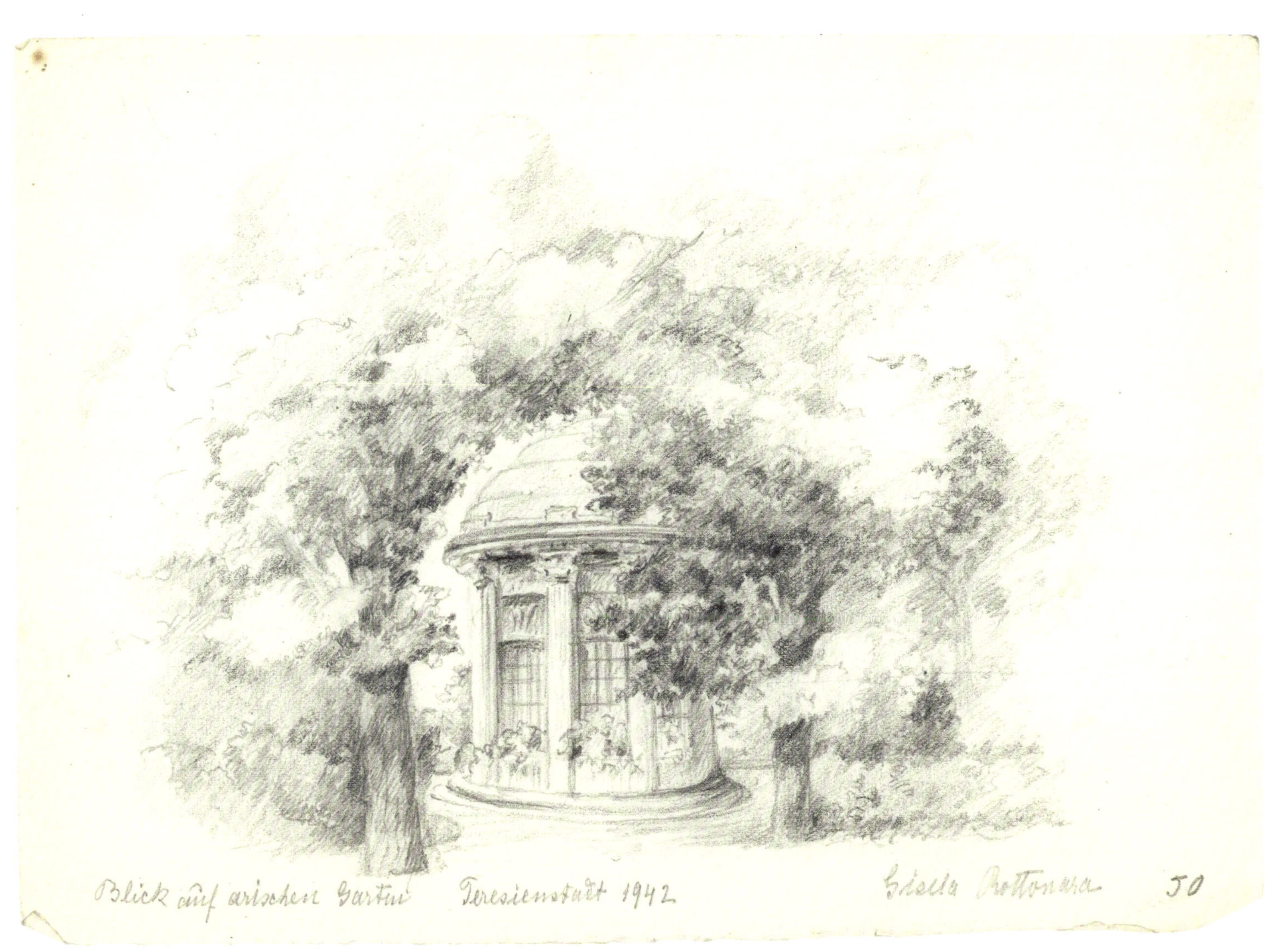

Blick auf arischen Garten

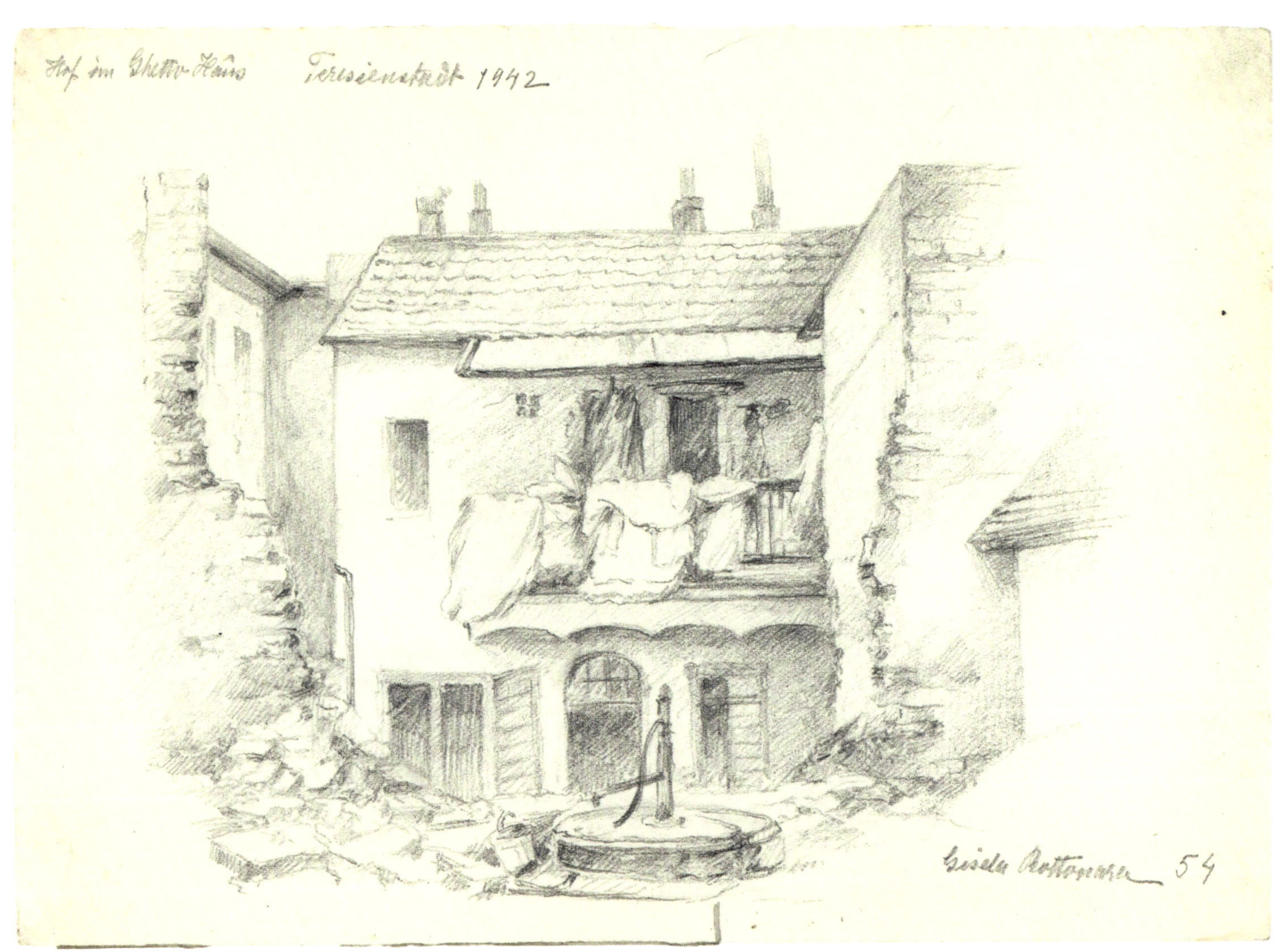

Hof im Ghetto Haus

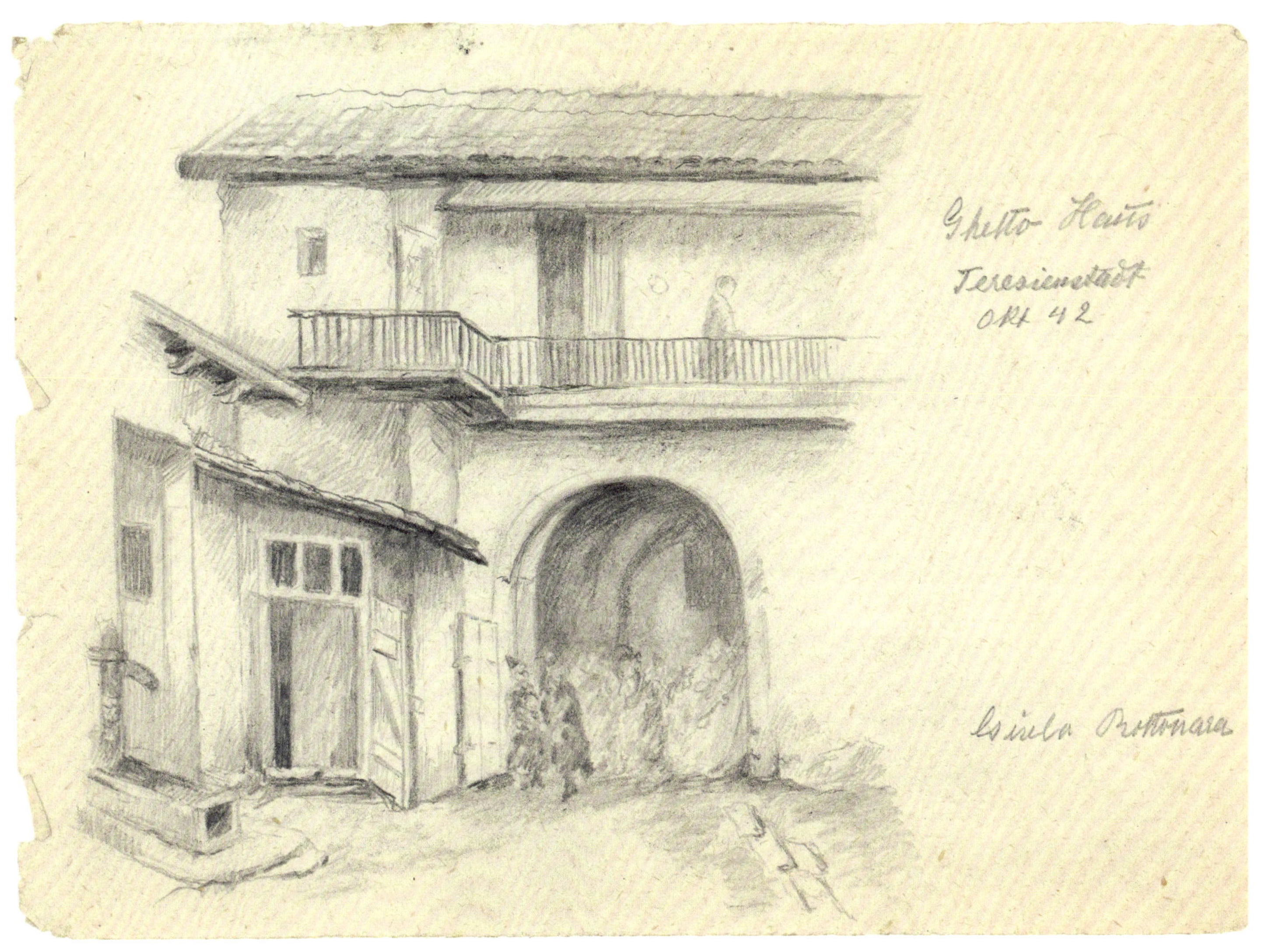

Ghetto Haus

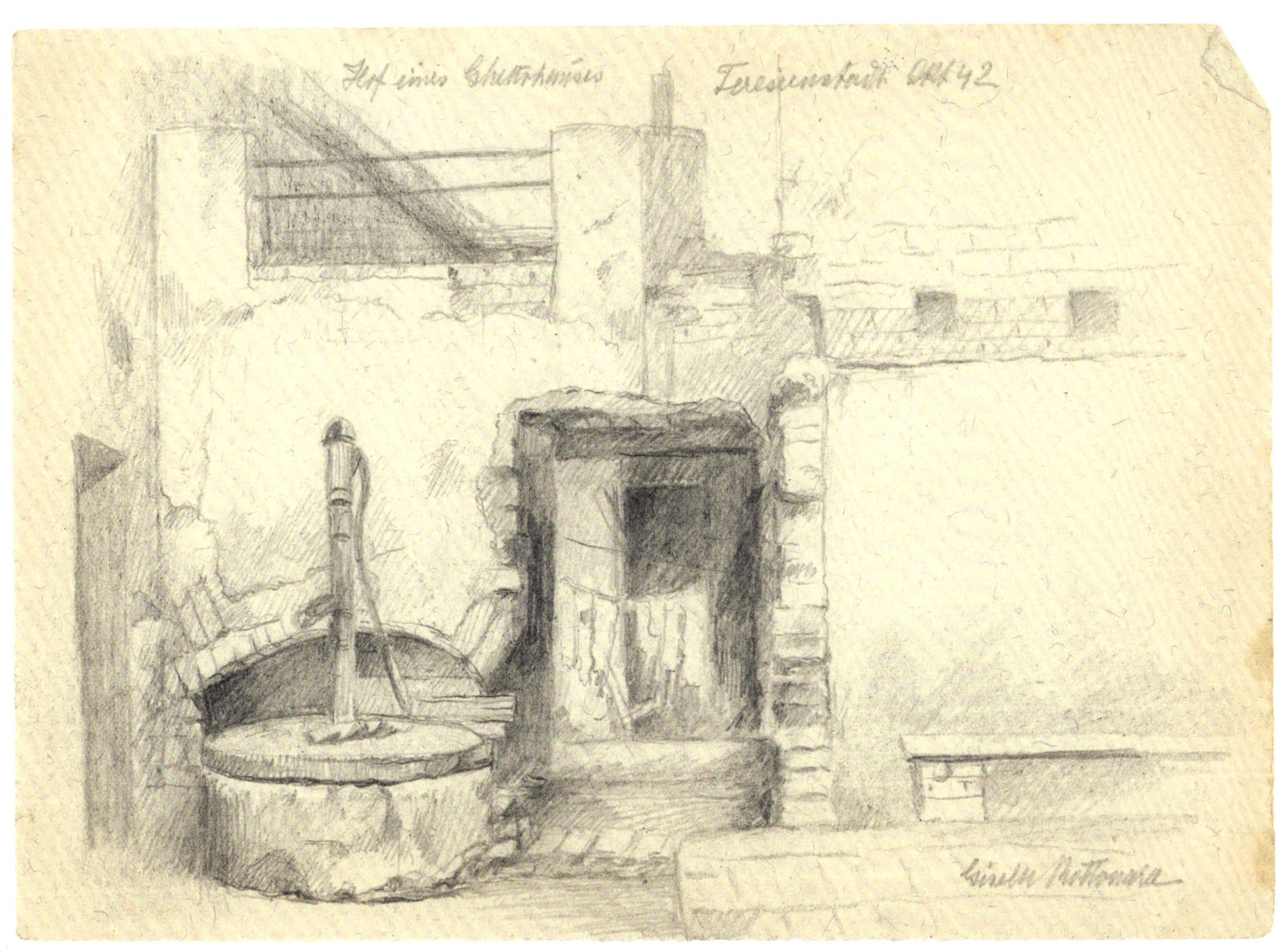

Hof eines Ghettohauses

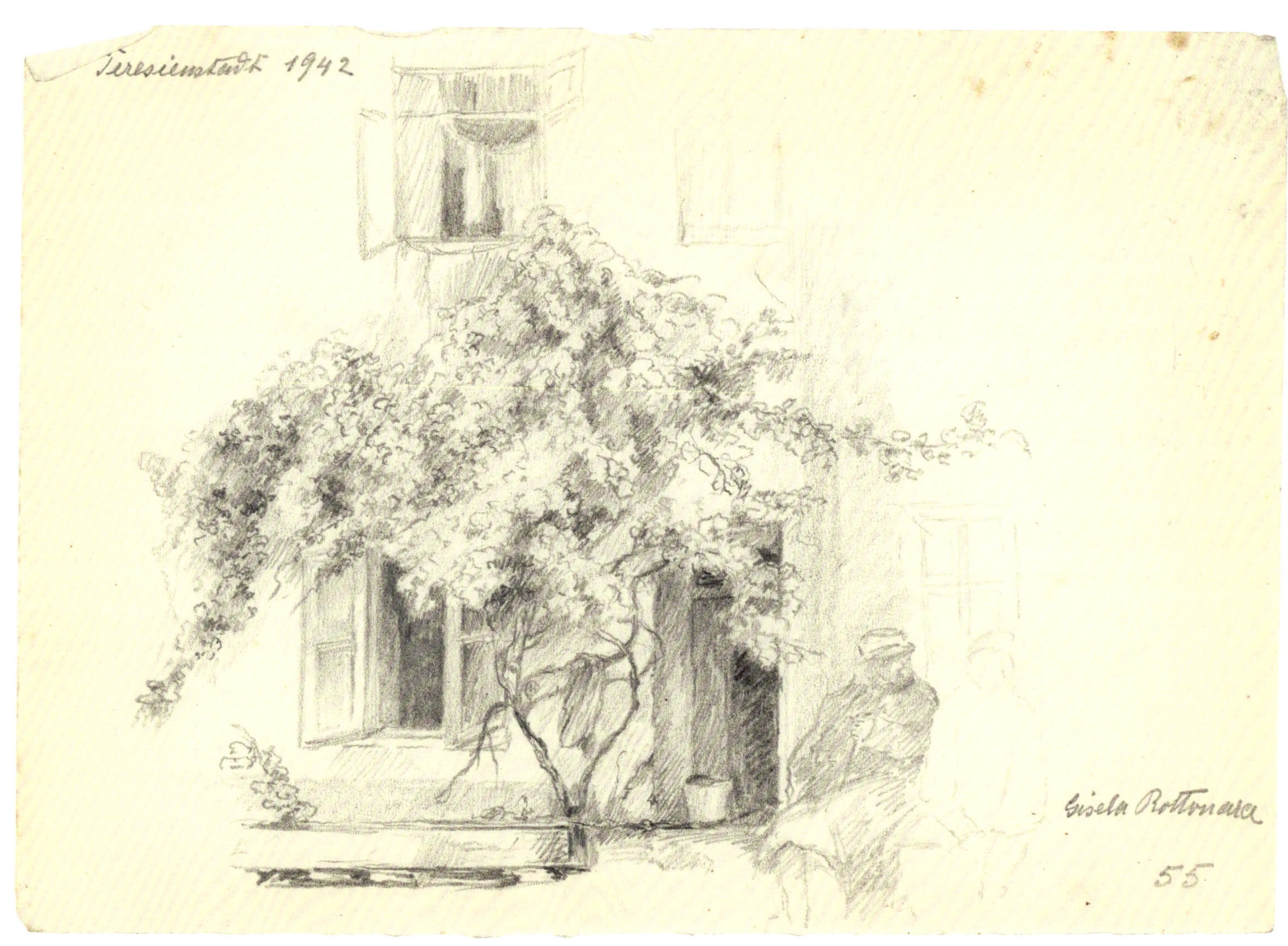
Theresienstadt 1942
Gisela Rottmann
55

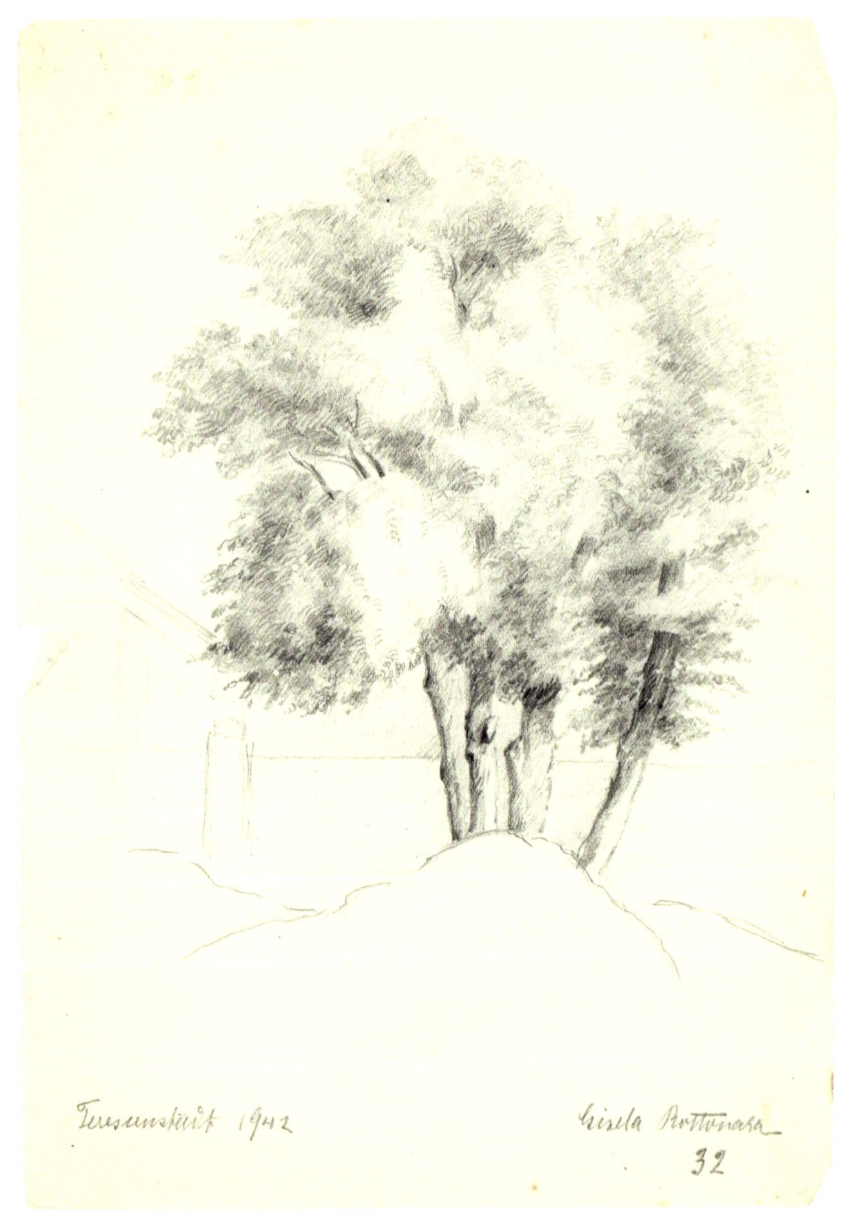
Theresienstadt 1942
Gisela Rotteneder
32

Alltag

Rechts: Vor der Aufwärmküche

Vor der Aufwärmküche   Theresienstadt 1942   Gisela Rottmann

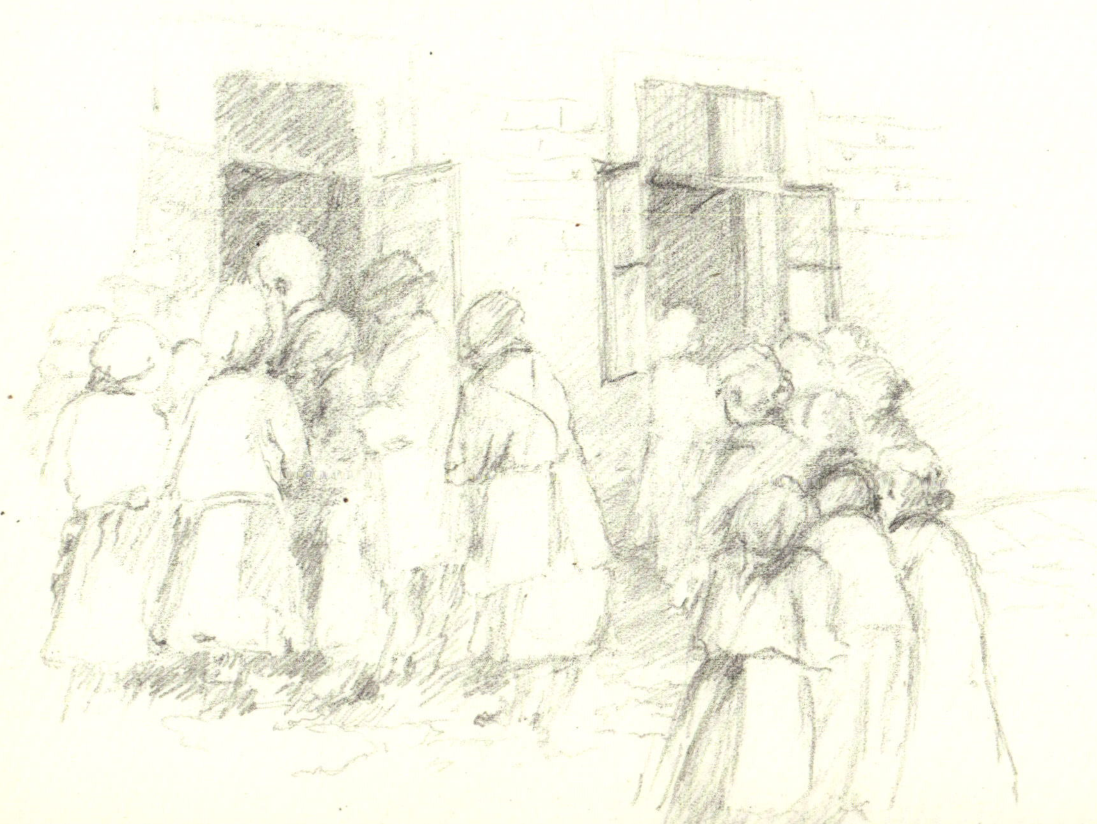

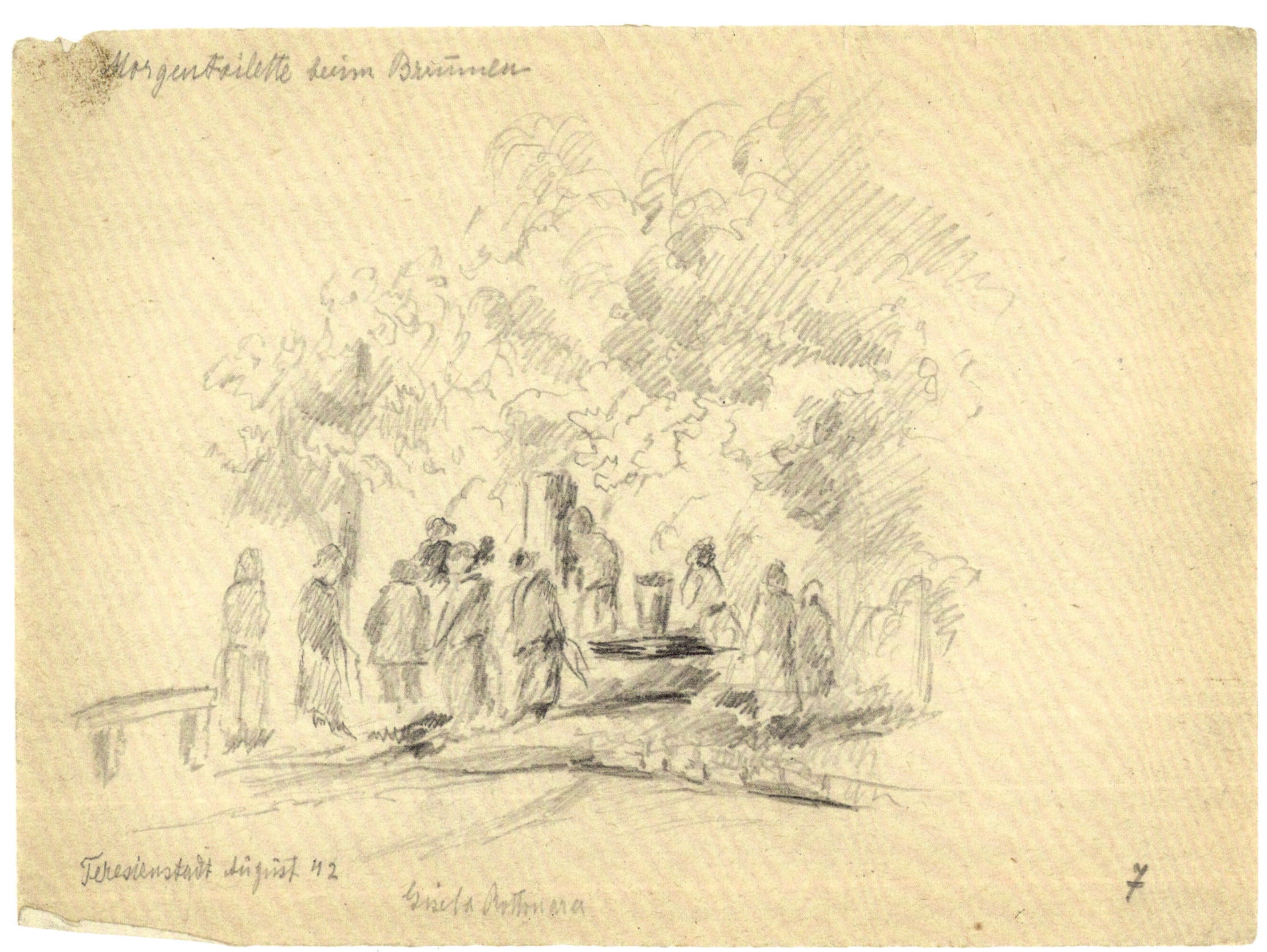

 Morgentoilette beim Brunnen

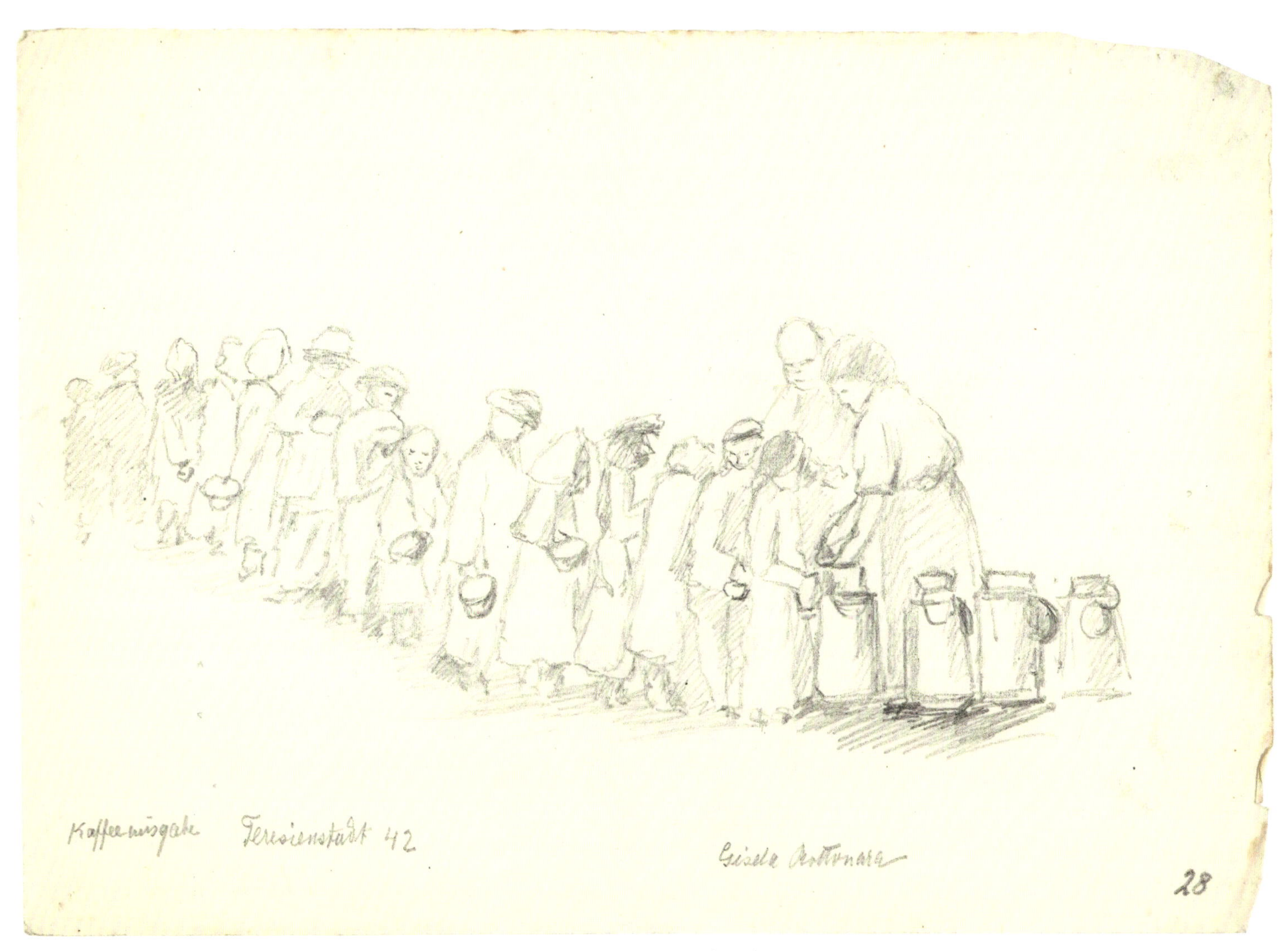

Kaffeeausgabe

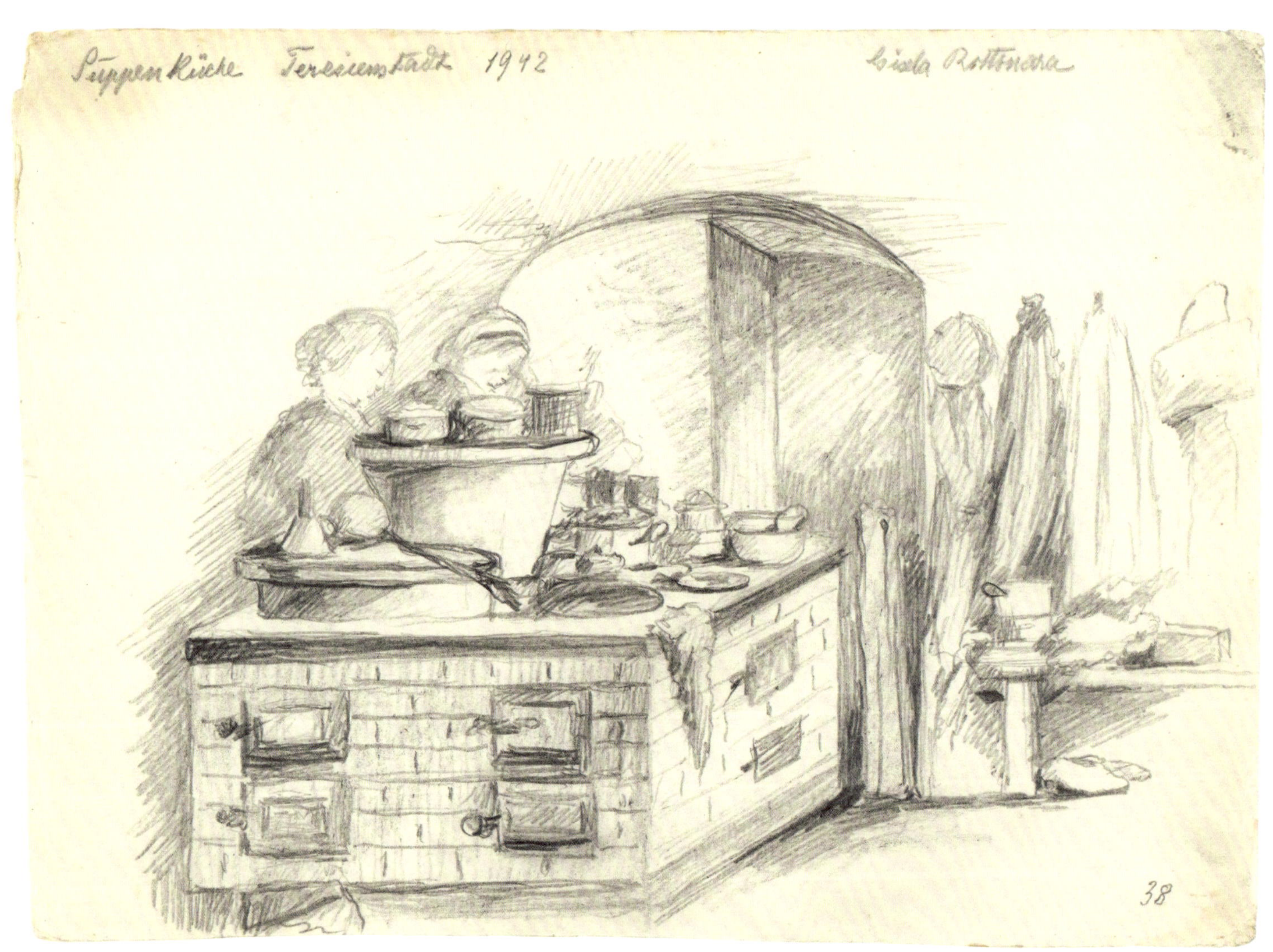

Suppenküche

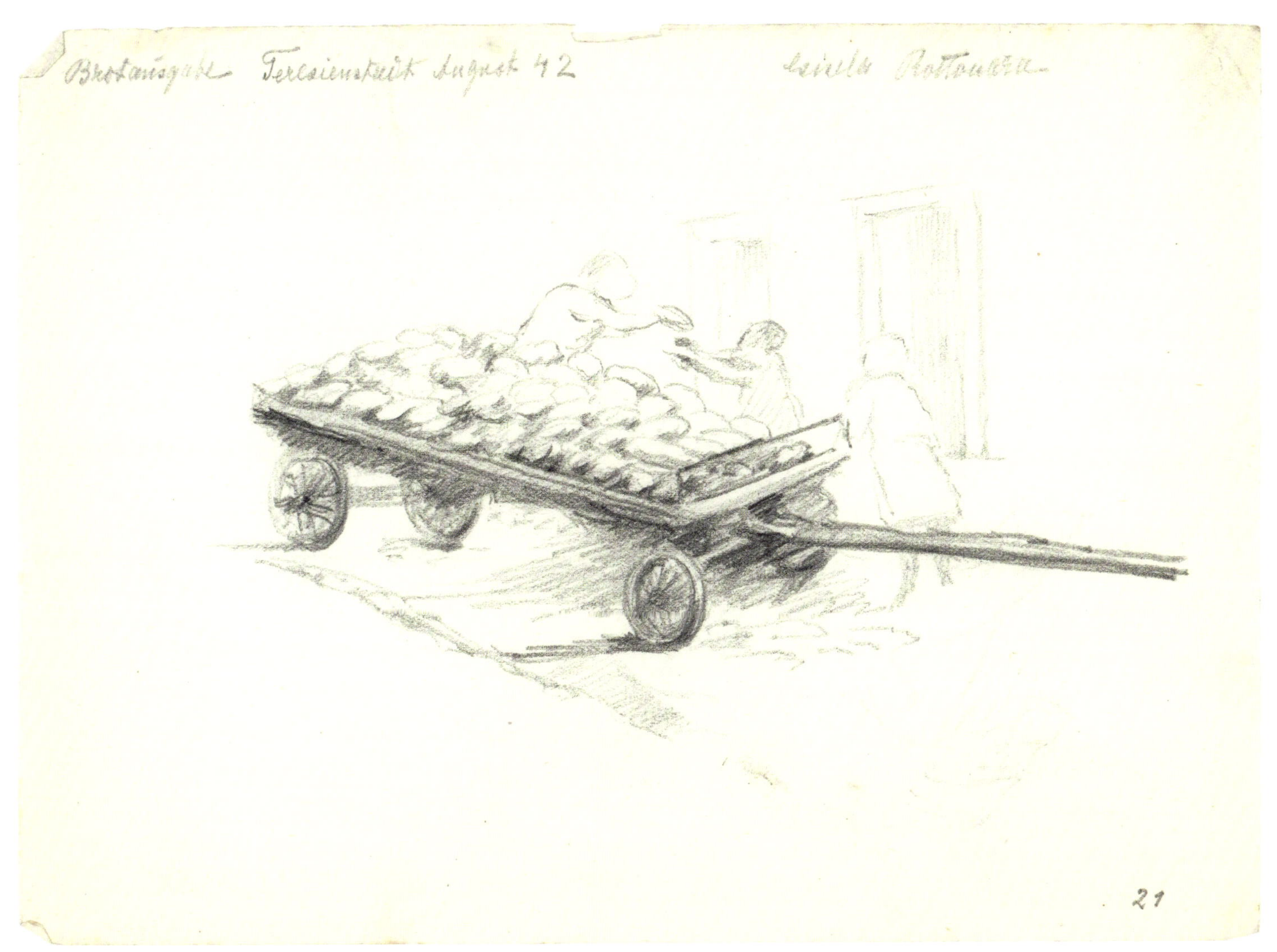
Brotausgabe
August 42
21

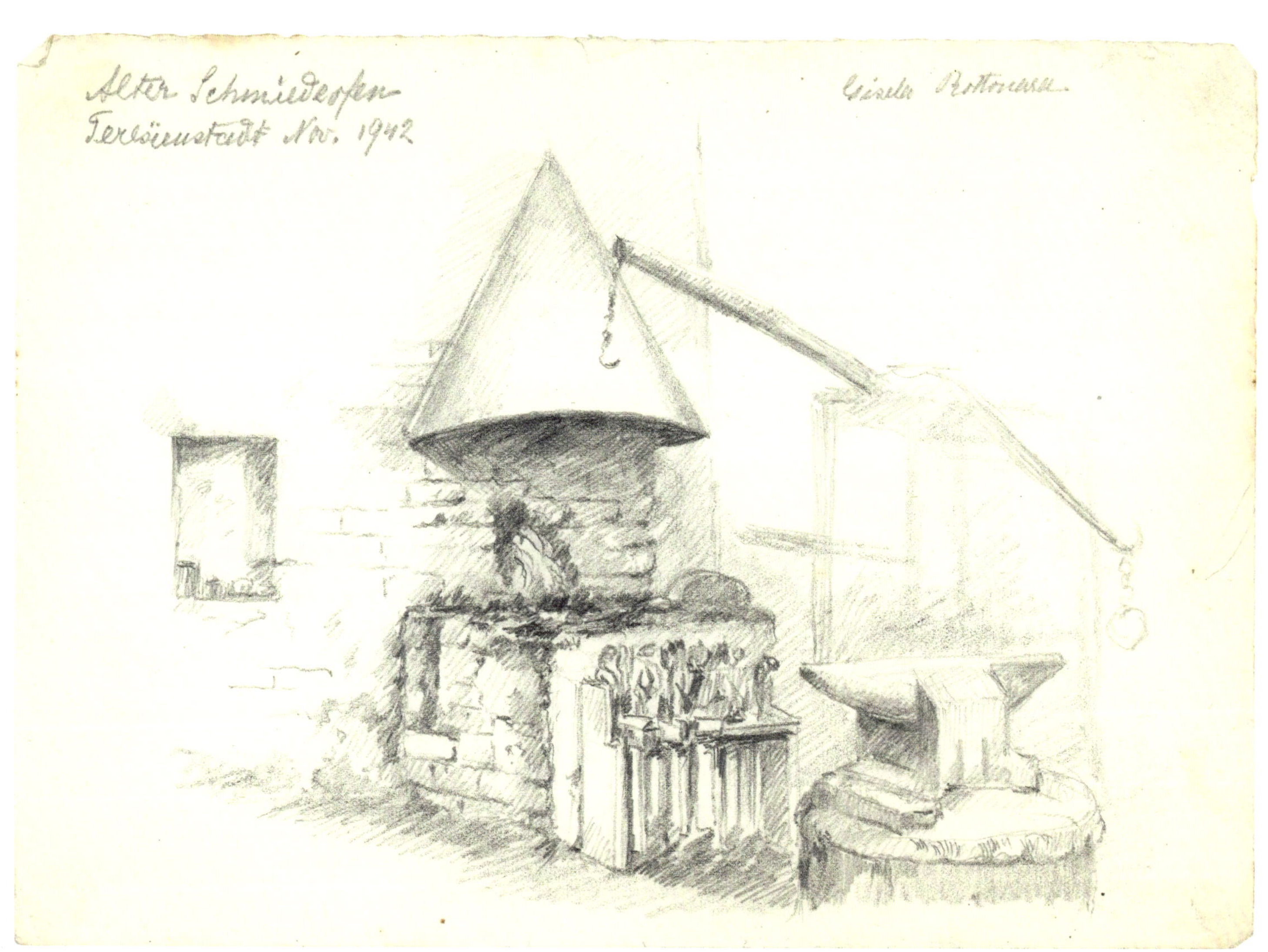

Alter Schmiedeofen

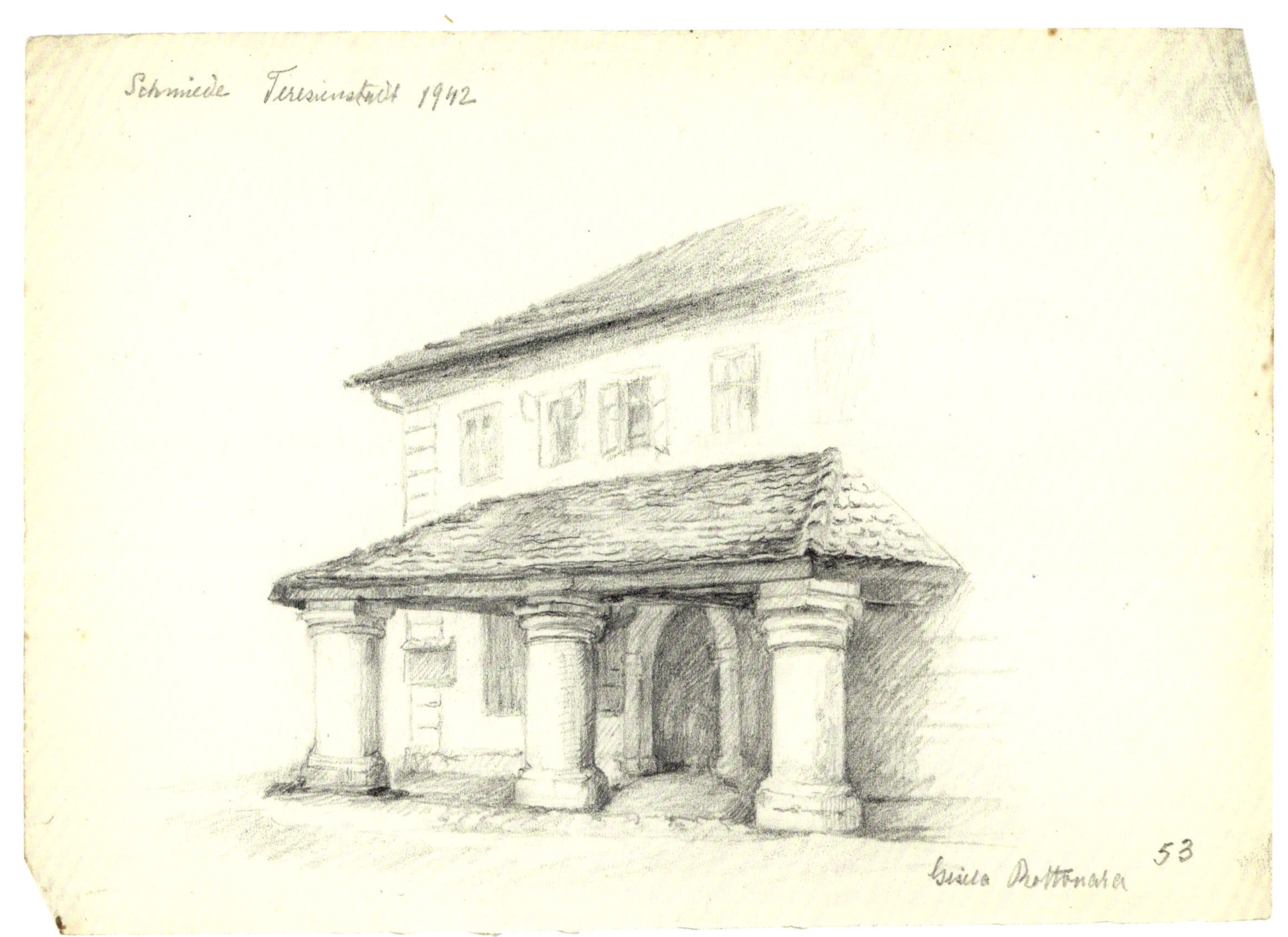
Schmiede Teresienstadt 1942
53

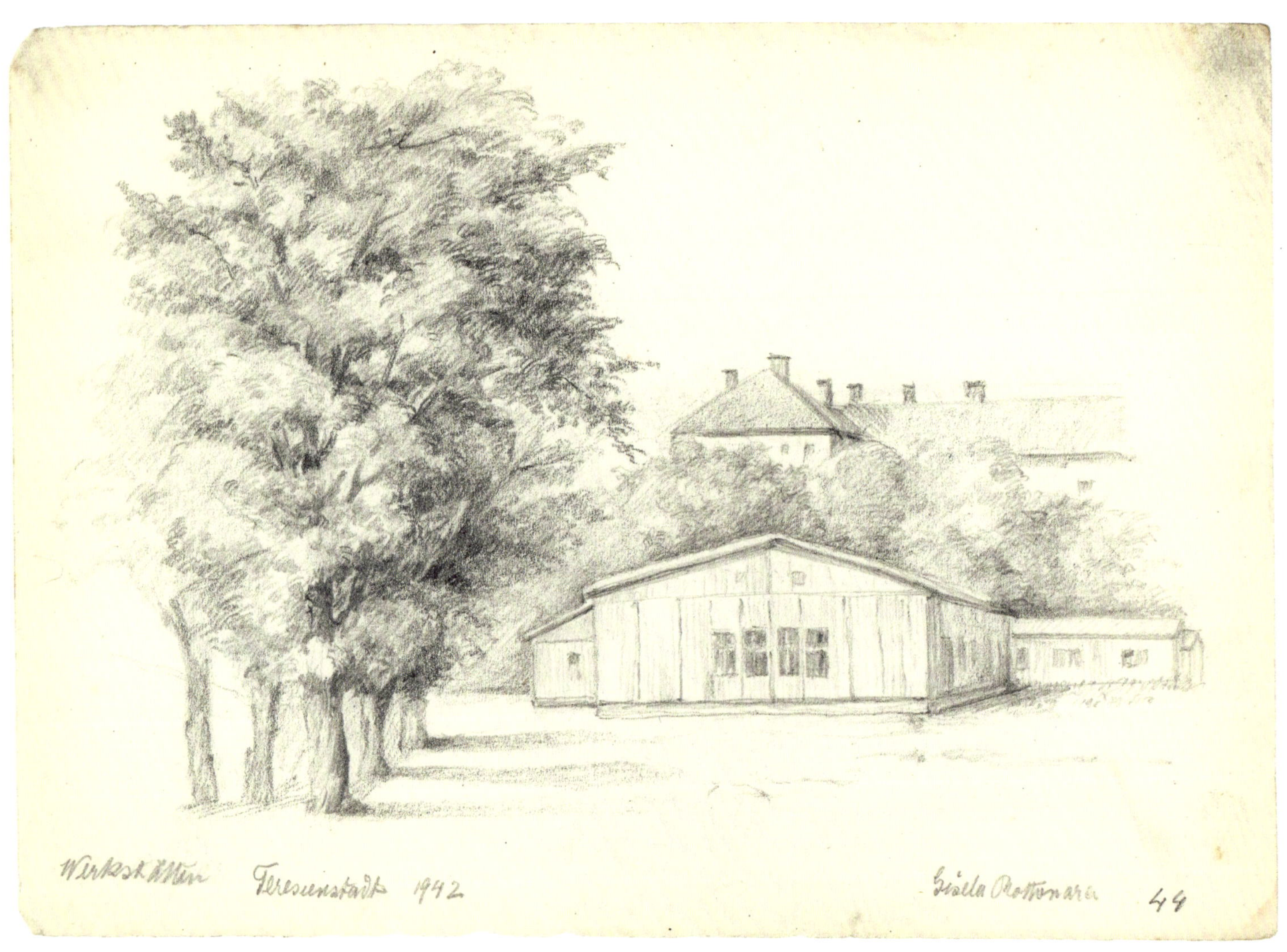

Werkstätten

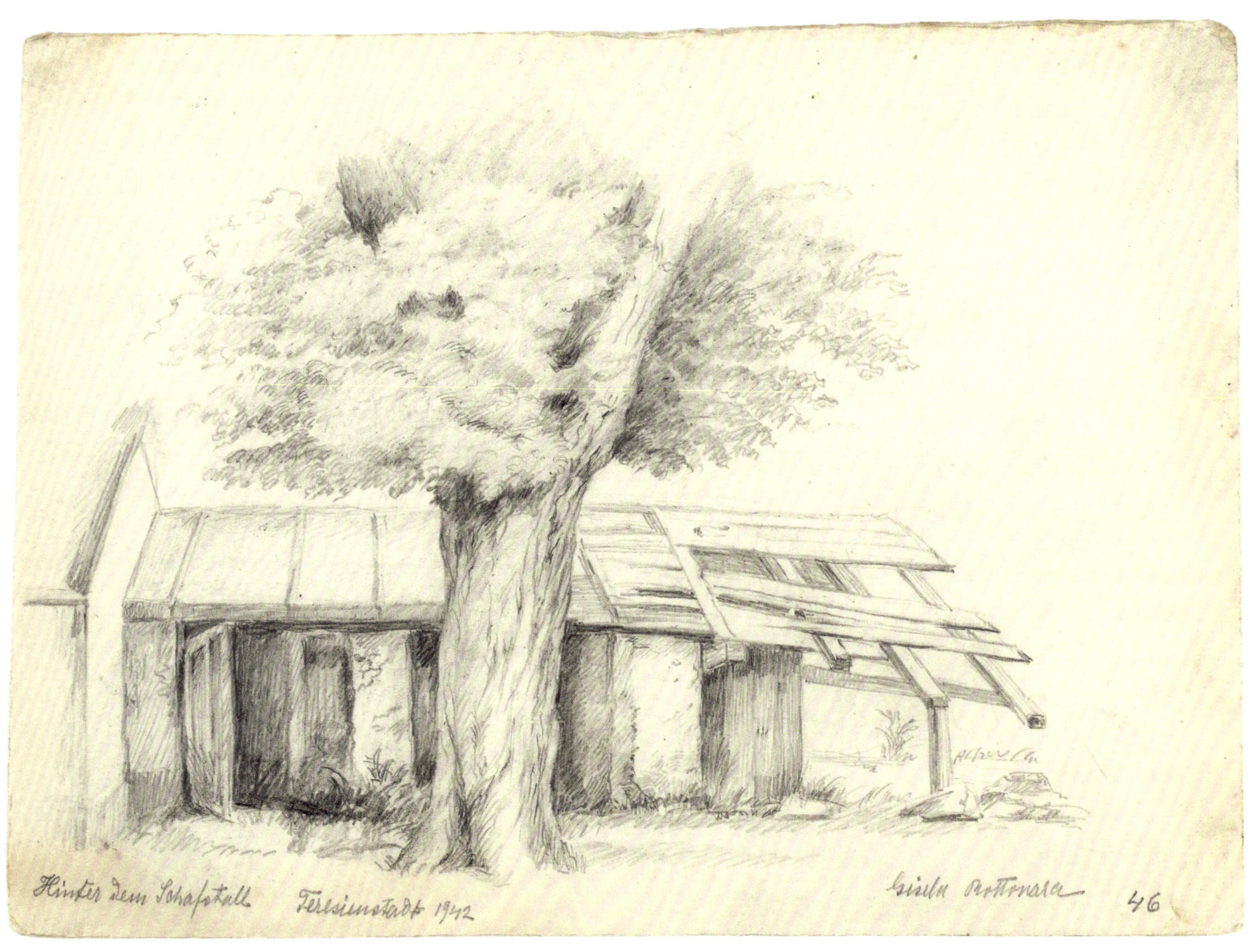

Hinter dem Schafstall

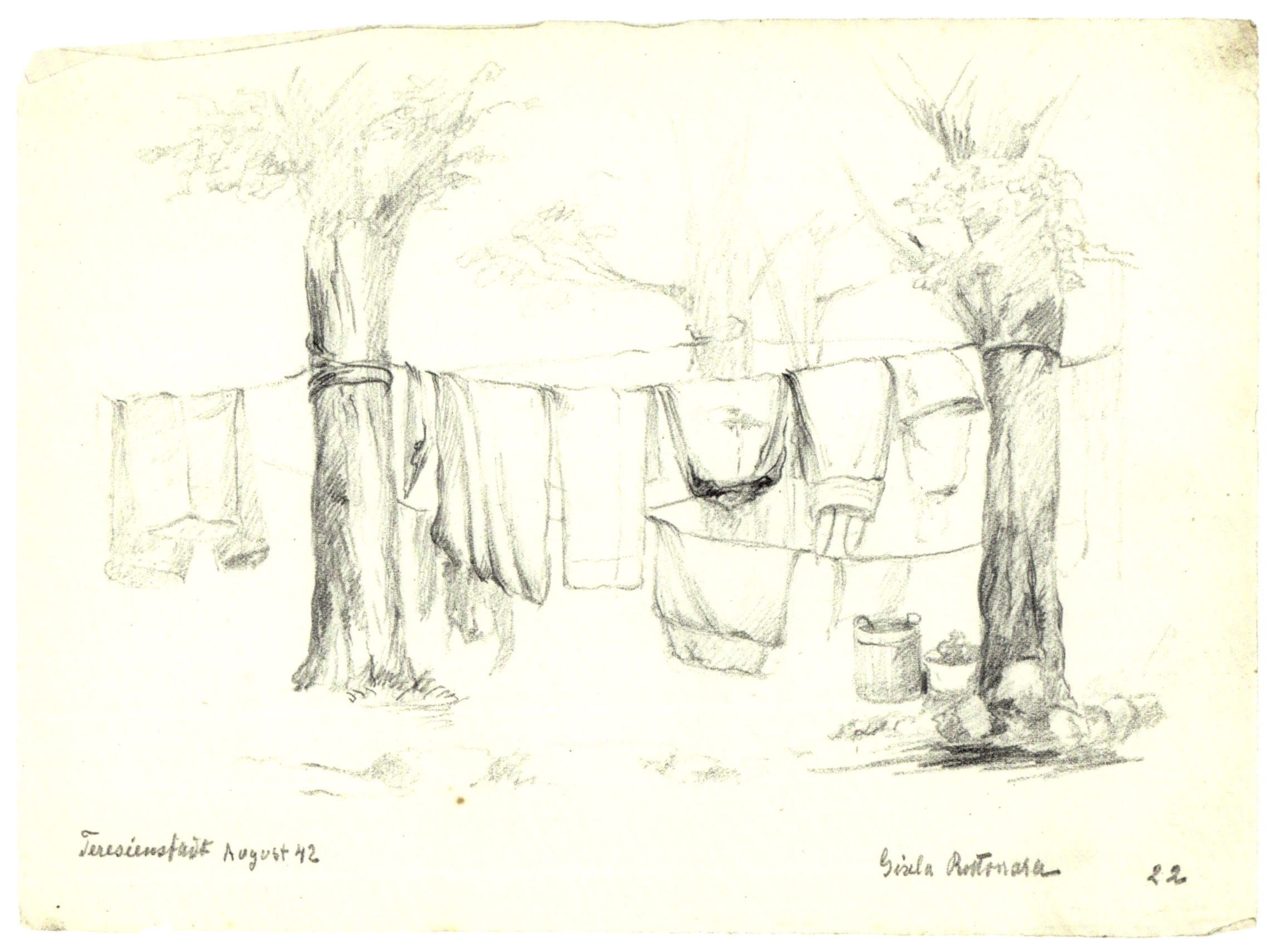
Teresienstadt August 42
Gisela Rottonara
22

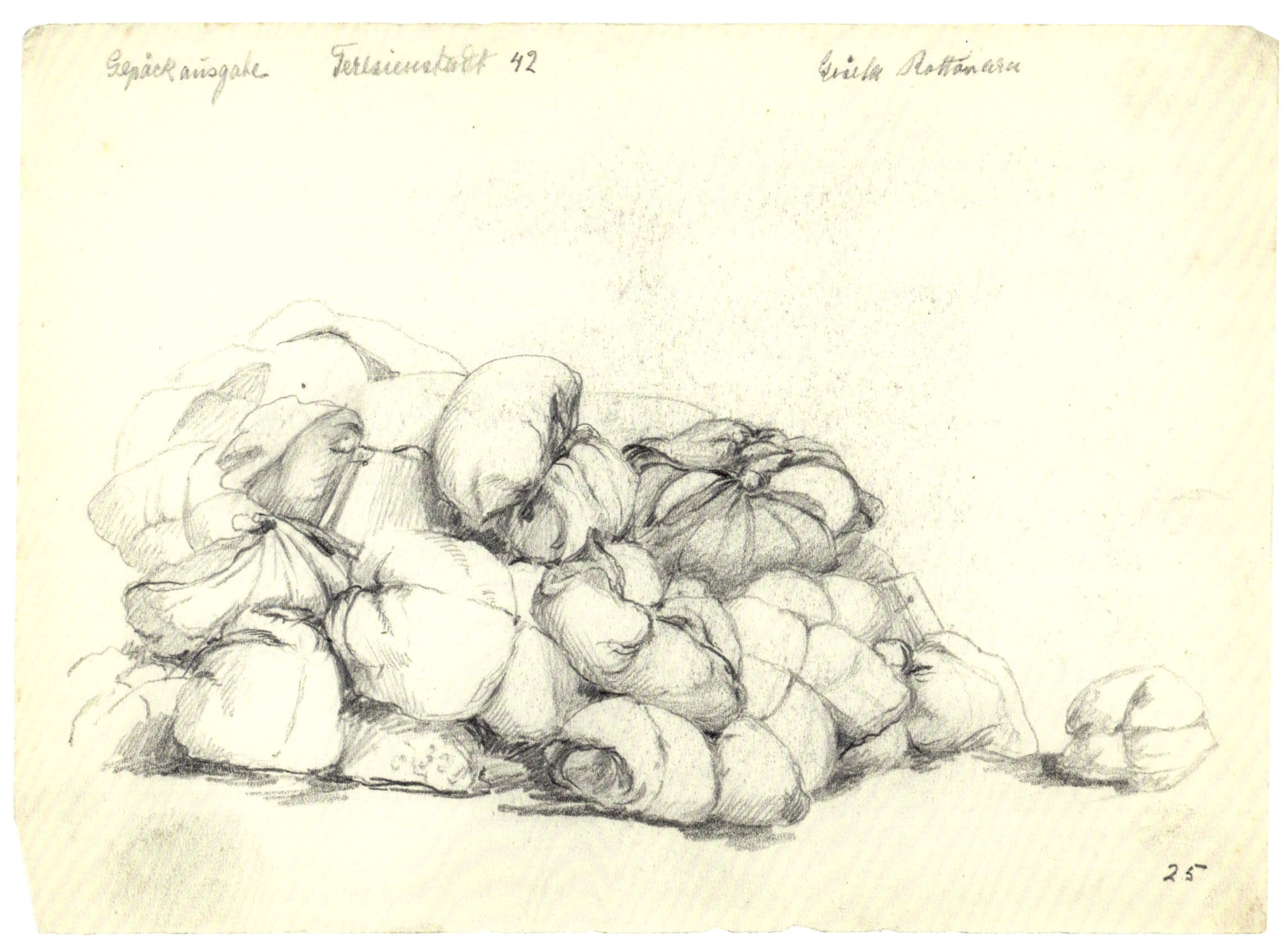
Gepäckausgabe
42
25

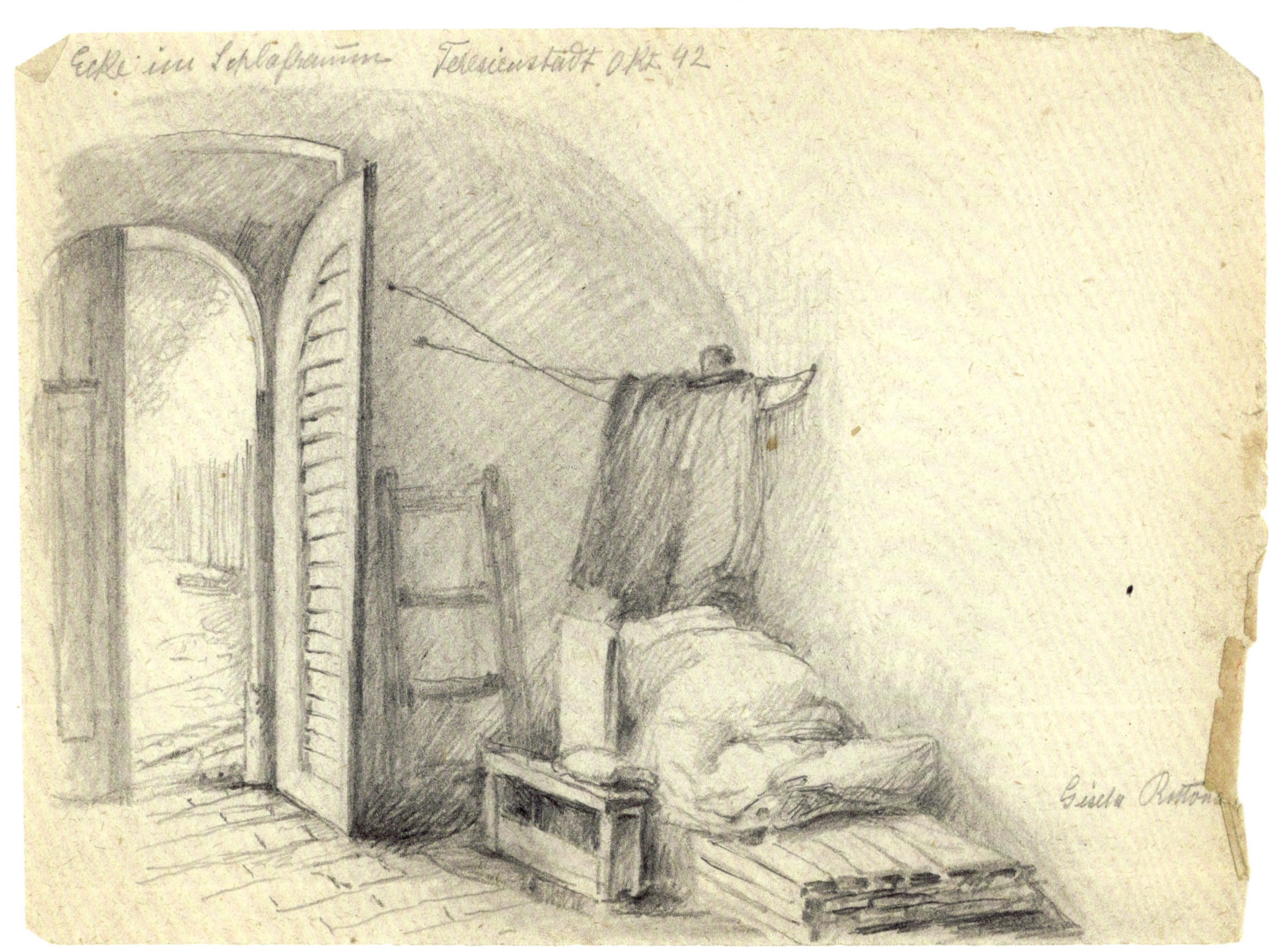

Ecke im Schlafraum

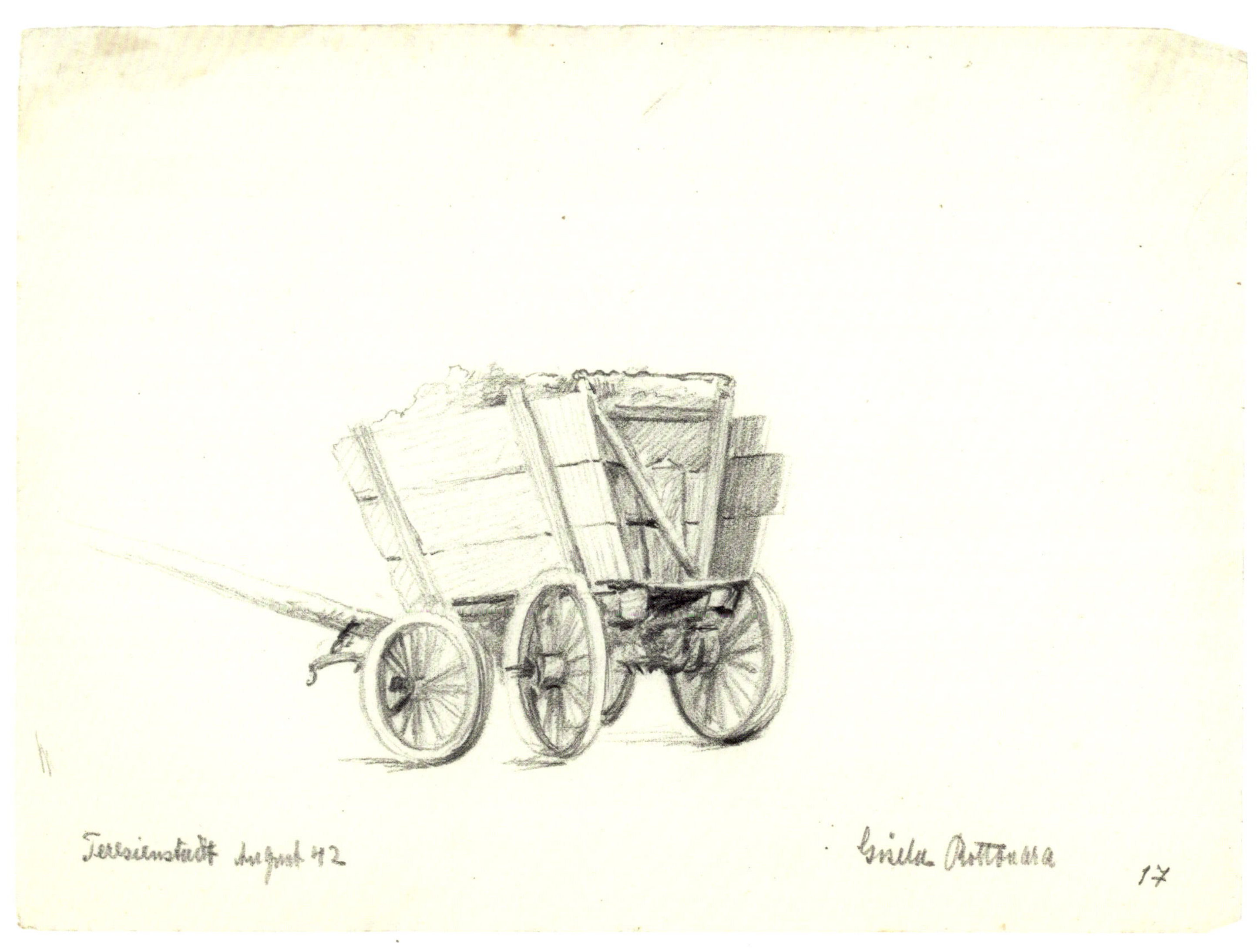
Teresienstadt August 42
17

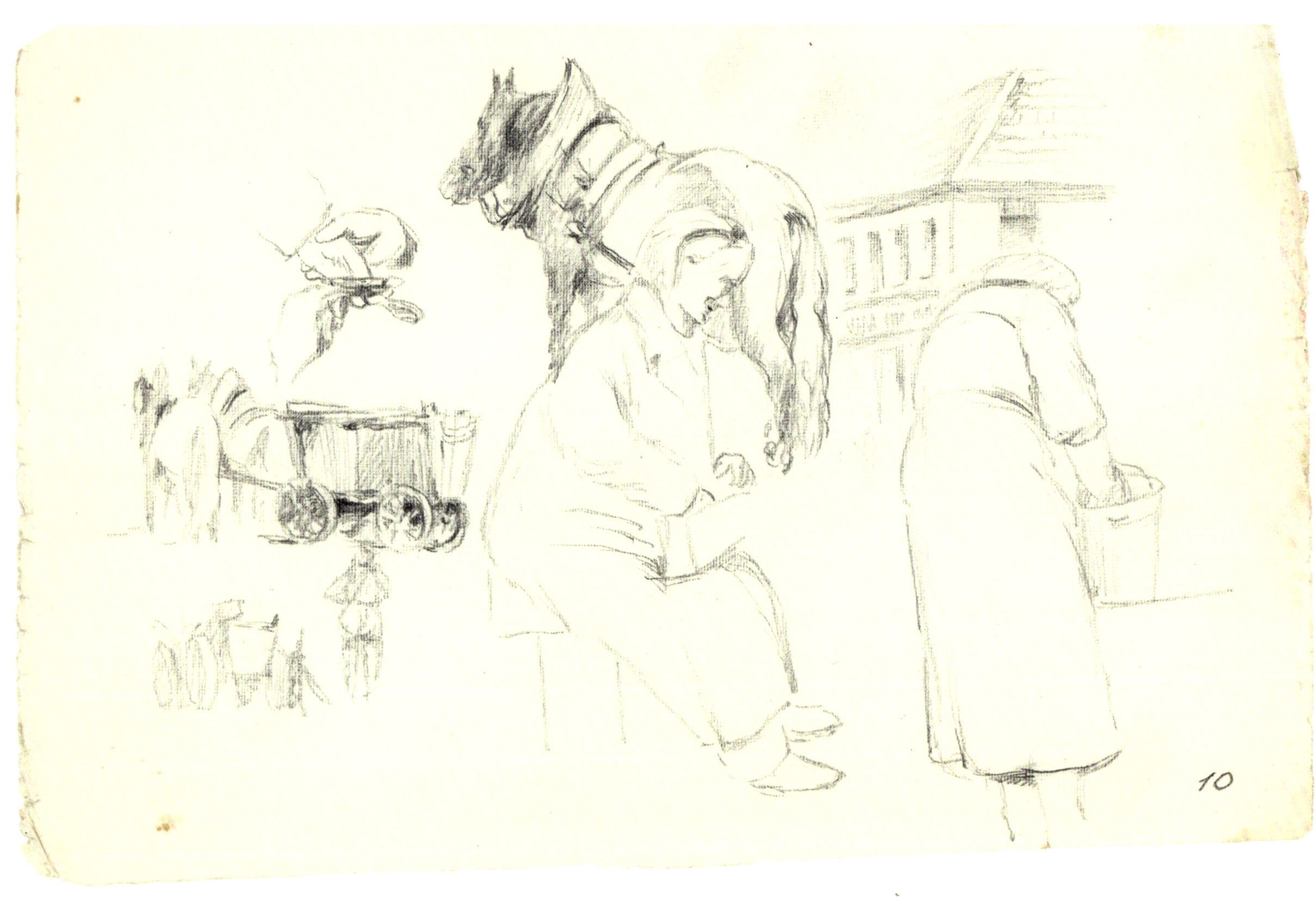
10

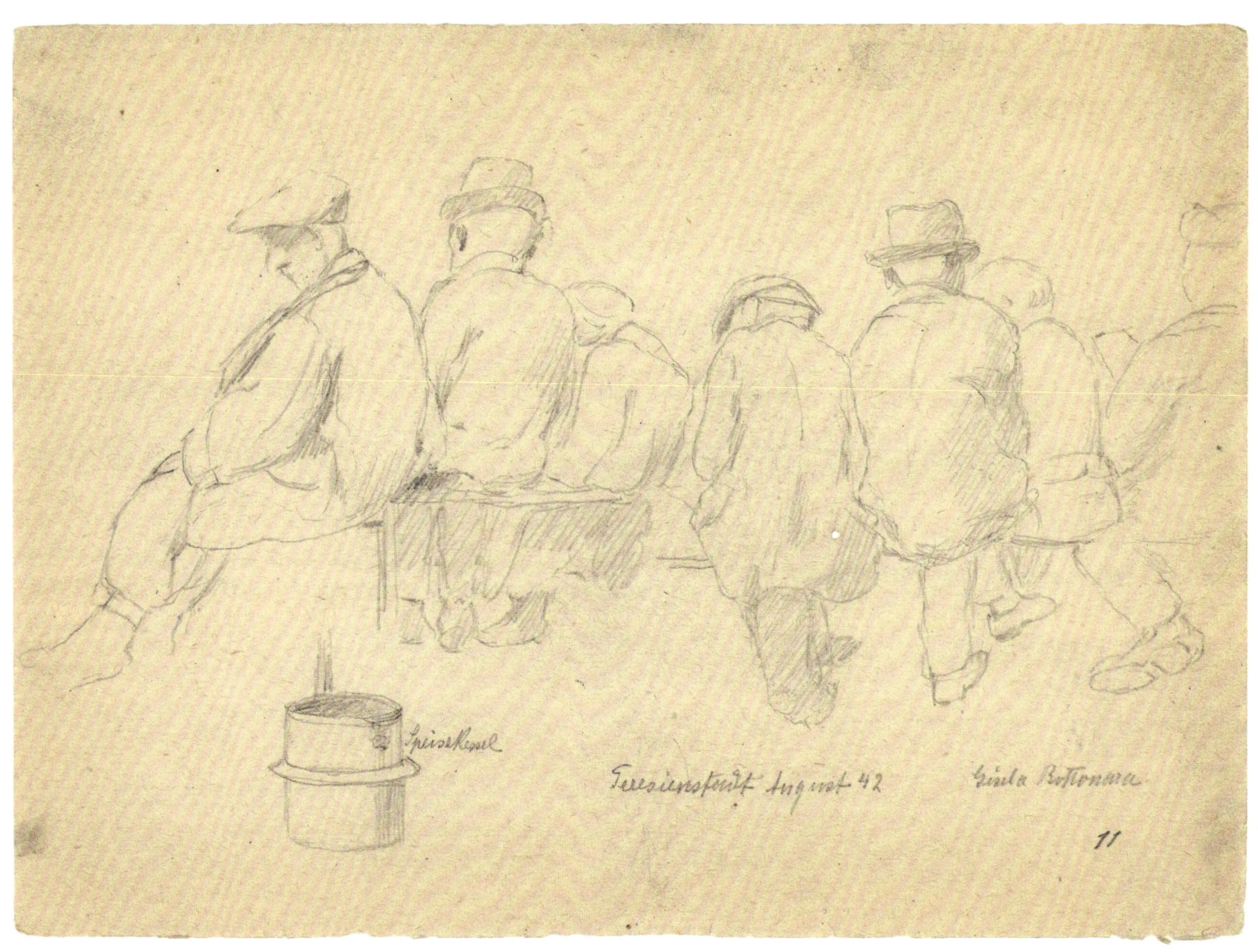

Speisekessel

Blick der Zeichnerin aus ihrer Unterkunft

Rechts: Unterkunft

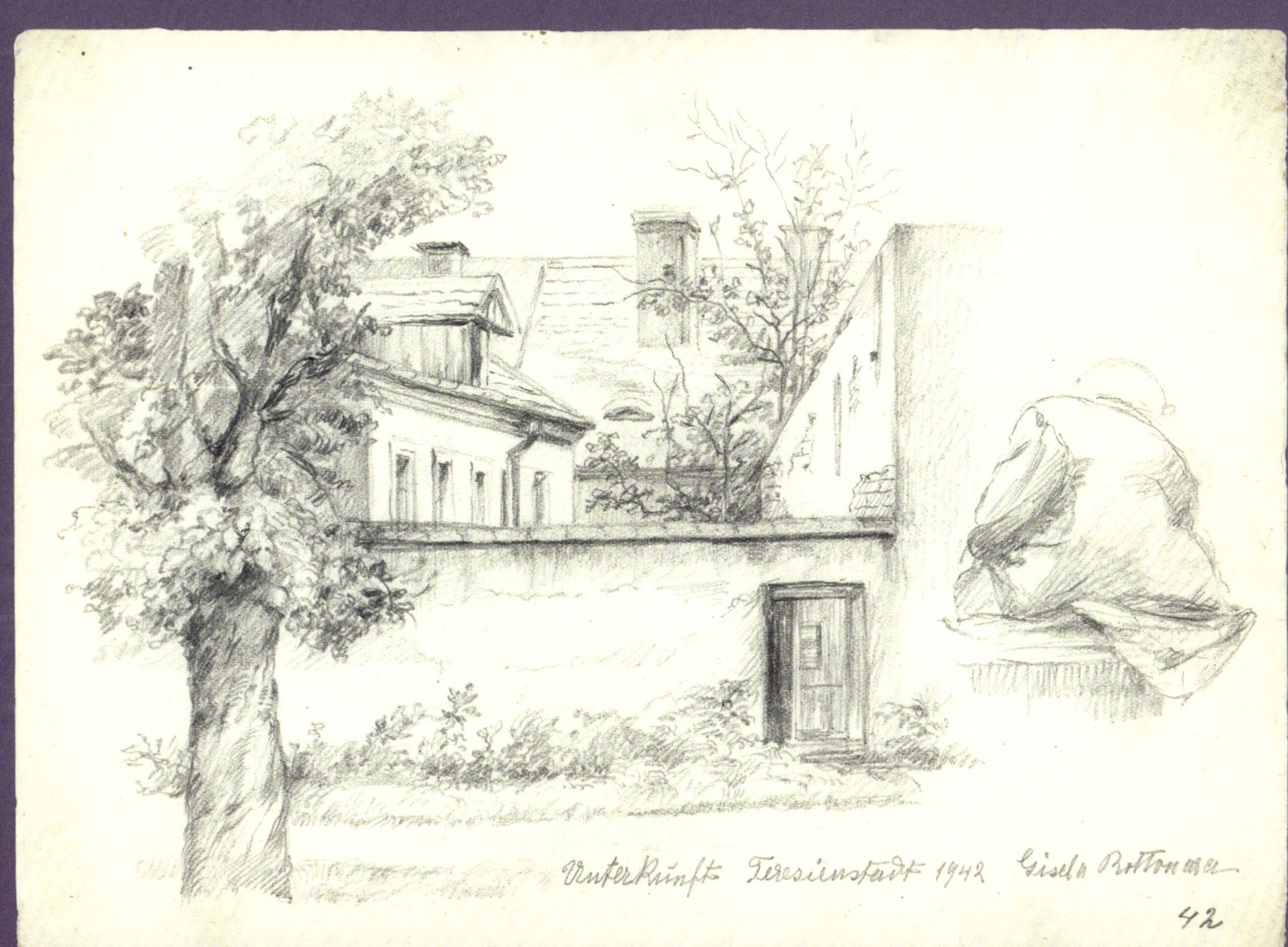
Unterkunft Terezienstadt 1942 Gisela Rottonara
42

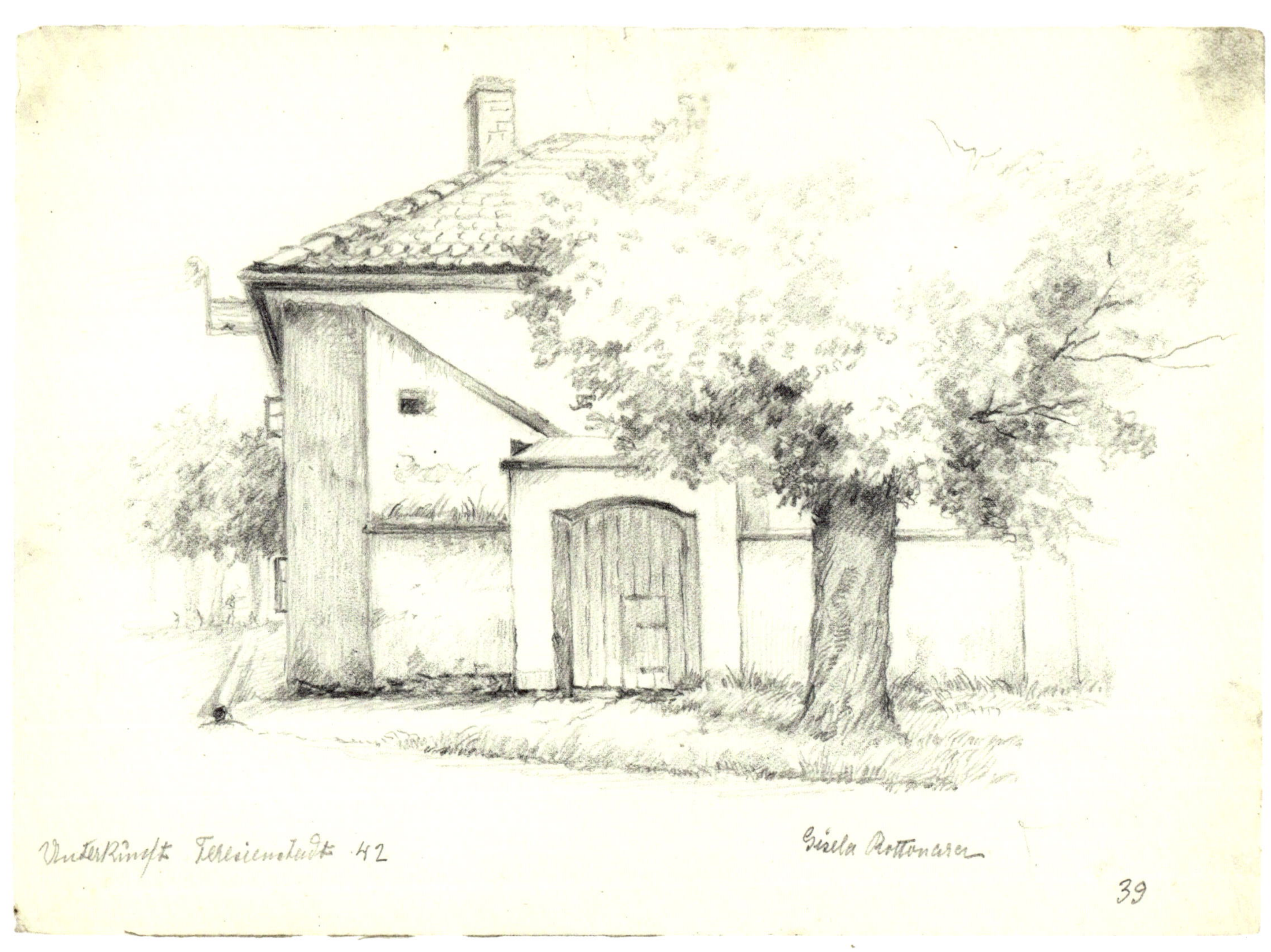

 Unterkunft

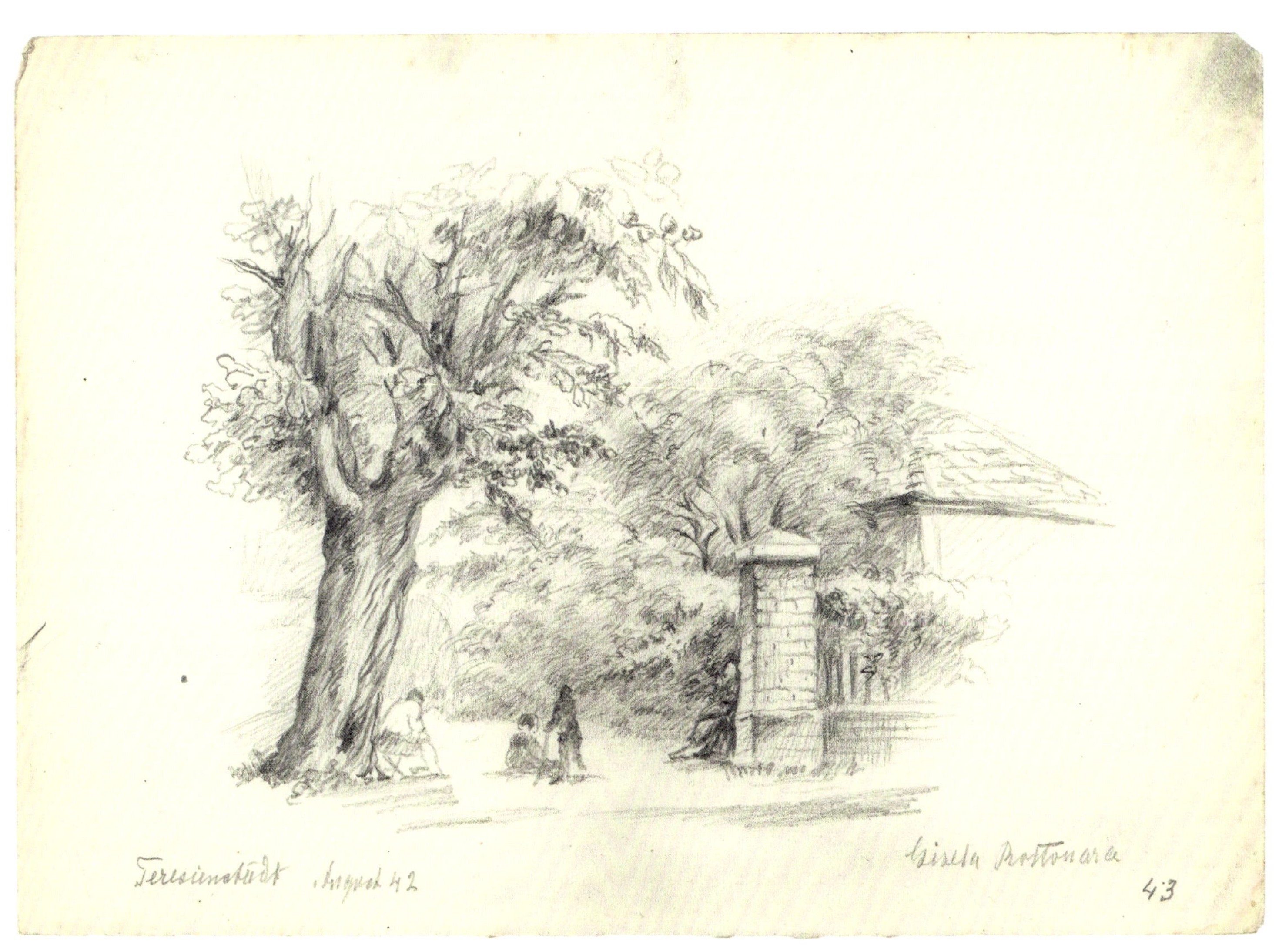
Teresienstadt August 42
43

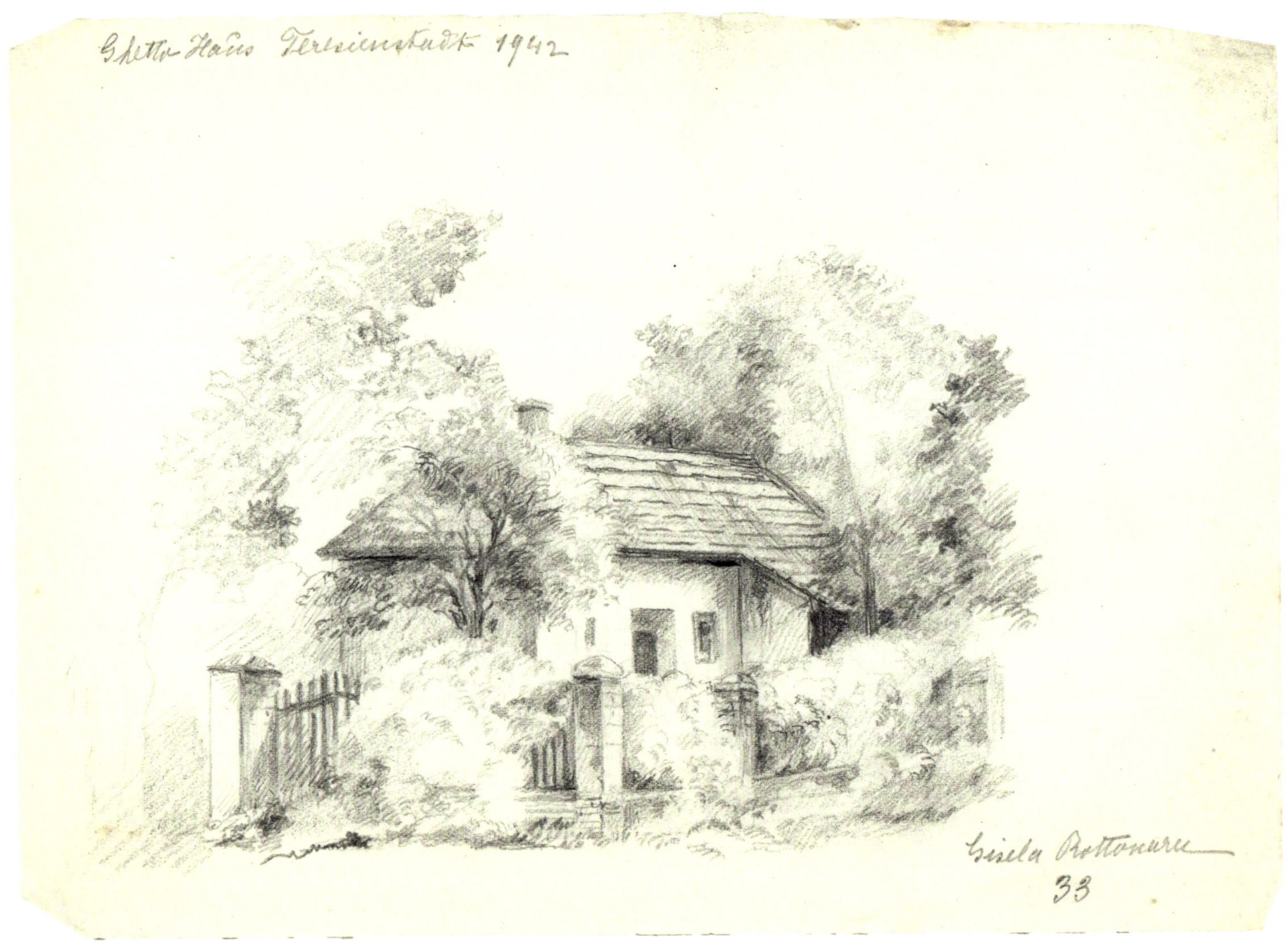

Ghetto Haus

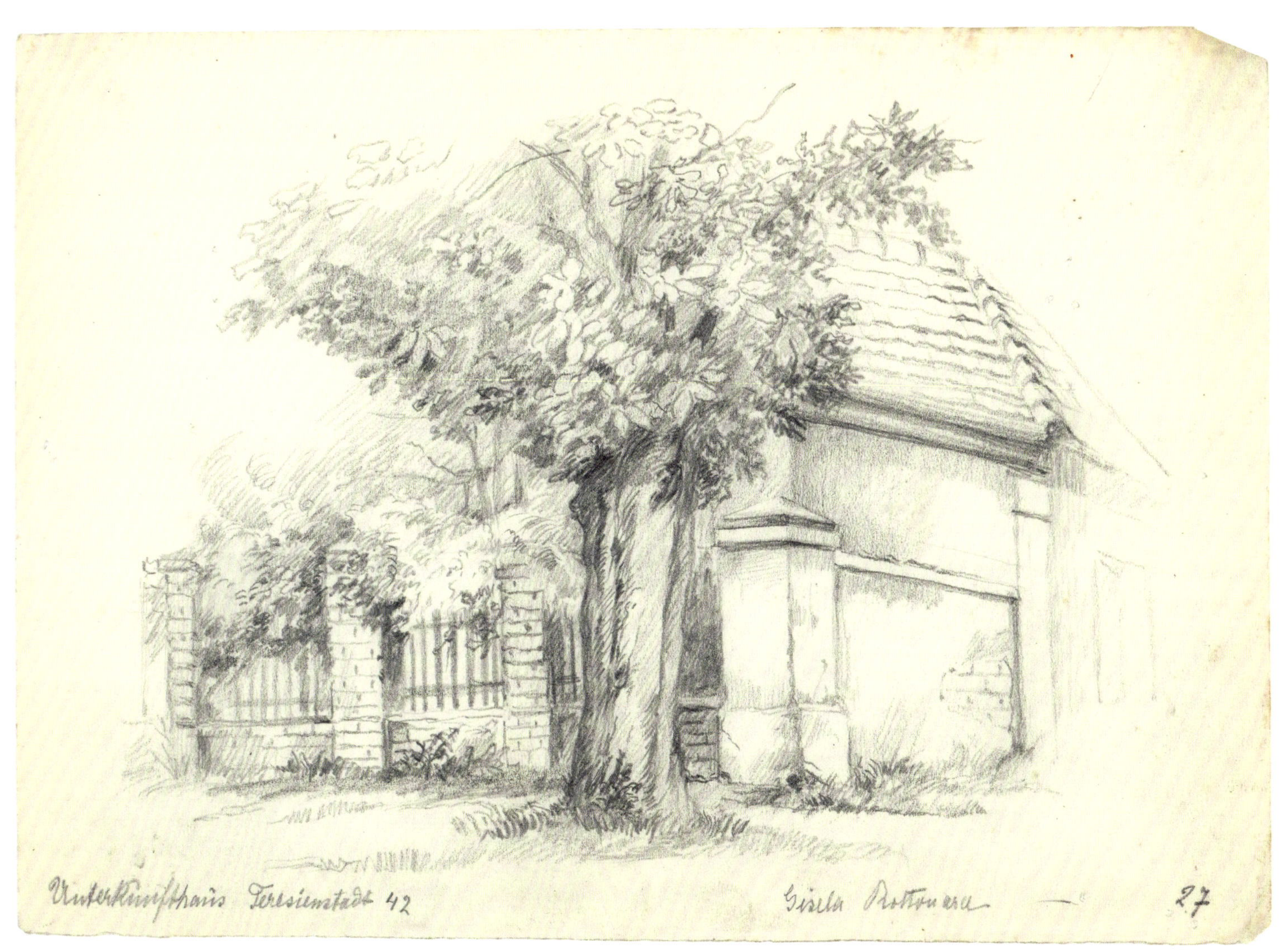

Unterkunfthaus

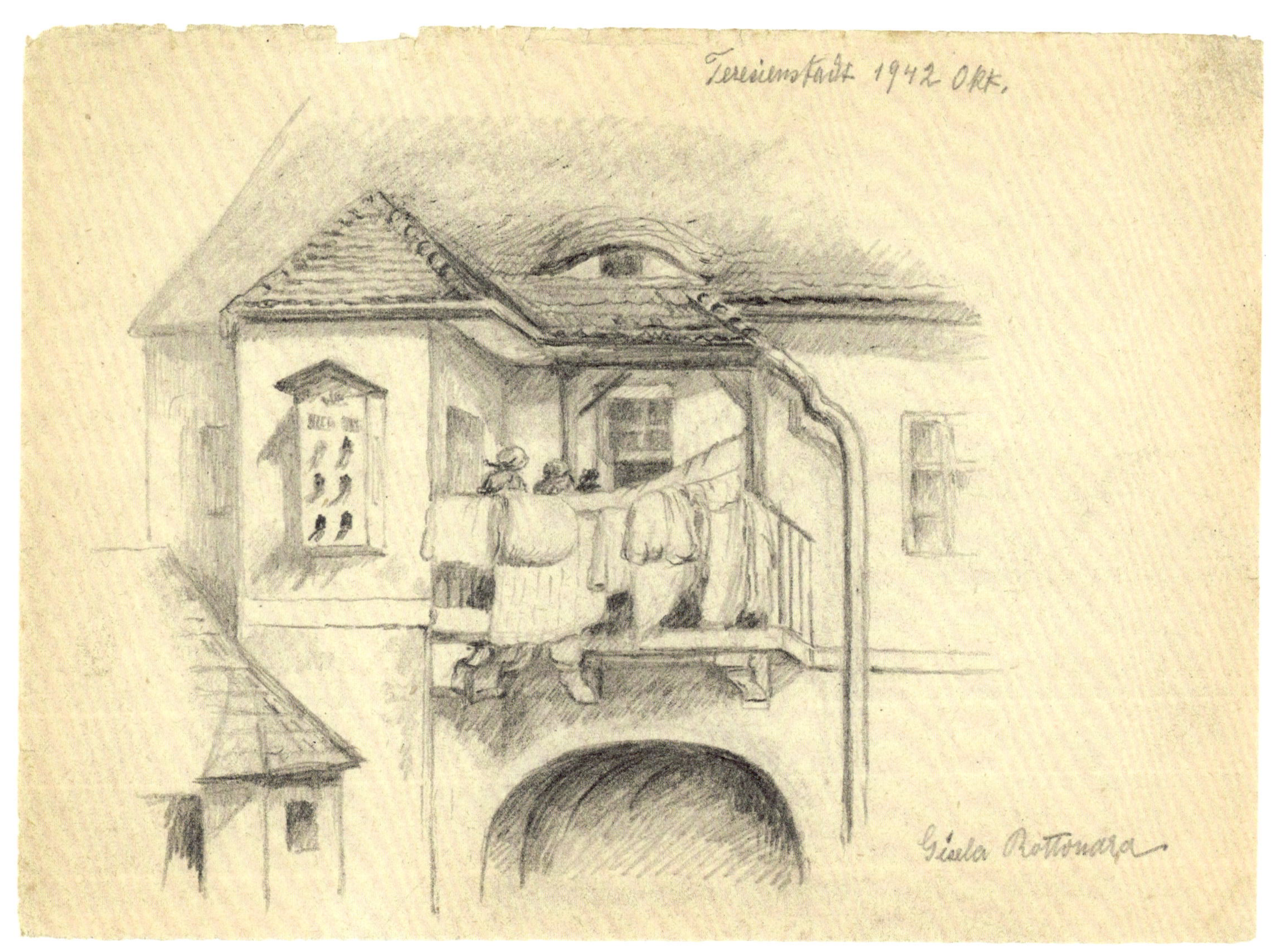
Tereesienstadt 1942 Okt.
Gisela Rottonara

Die Festung

Rechts: Das Prager Tor

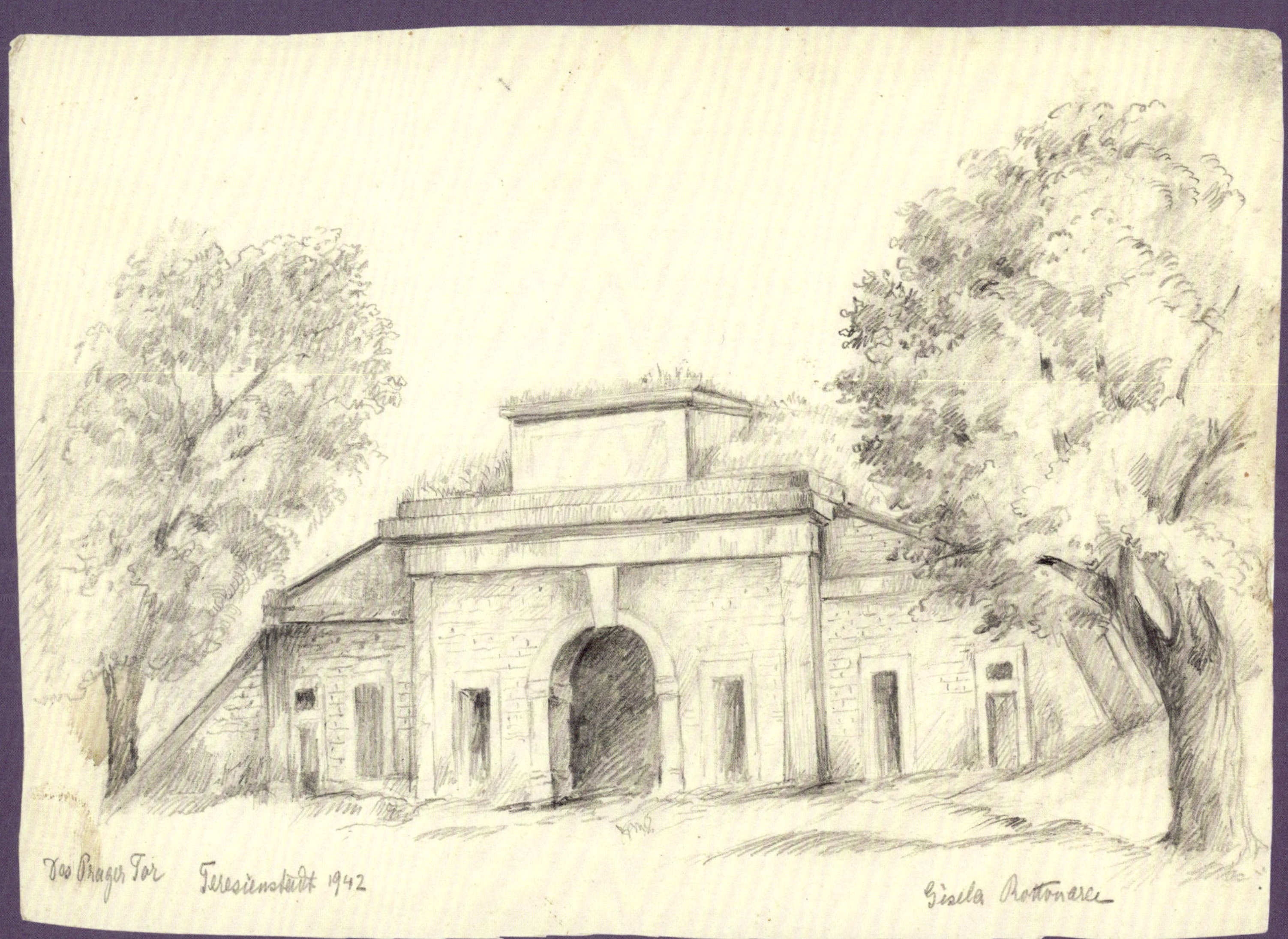
Das Prager Tor
Teresienstadt 1942
Gisela Rottonarei

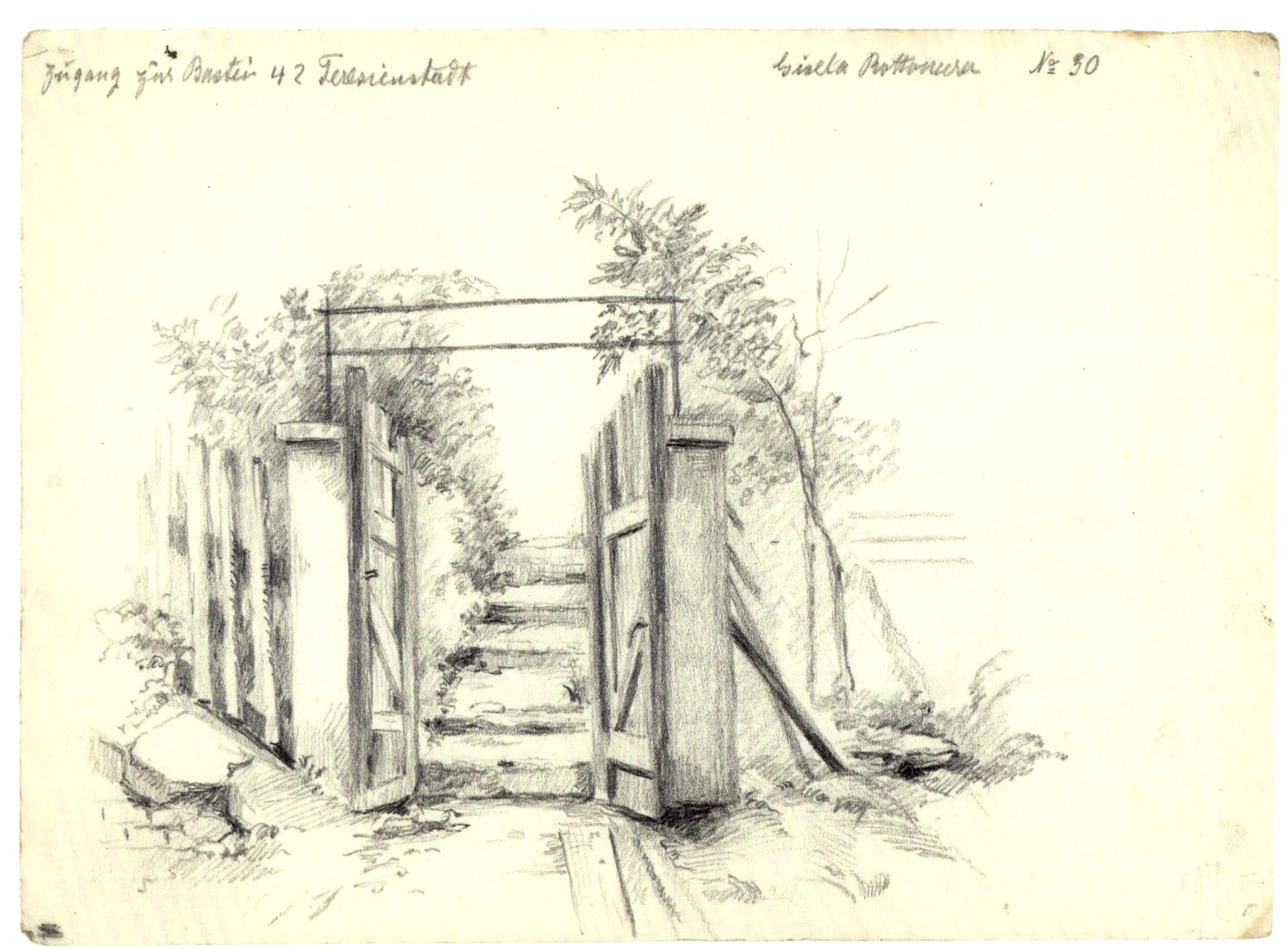

 Zugang zur Bastei

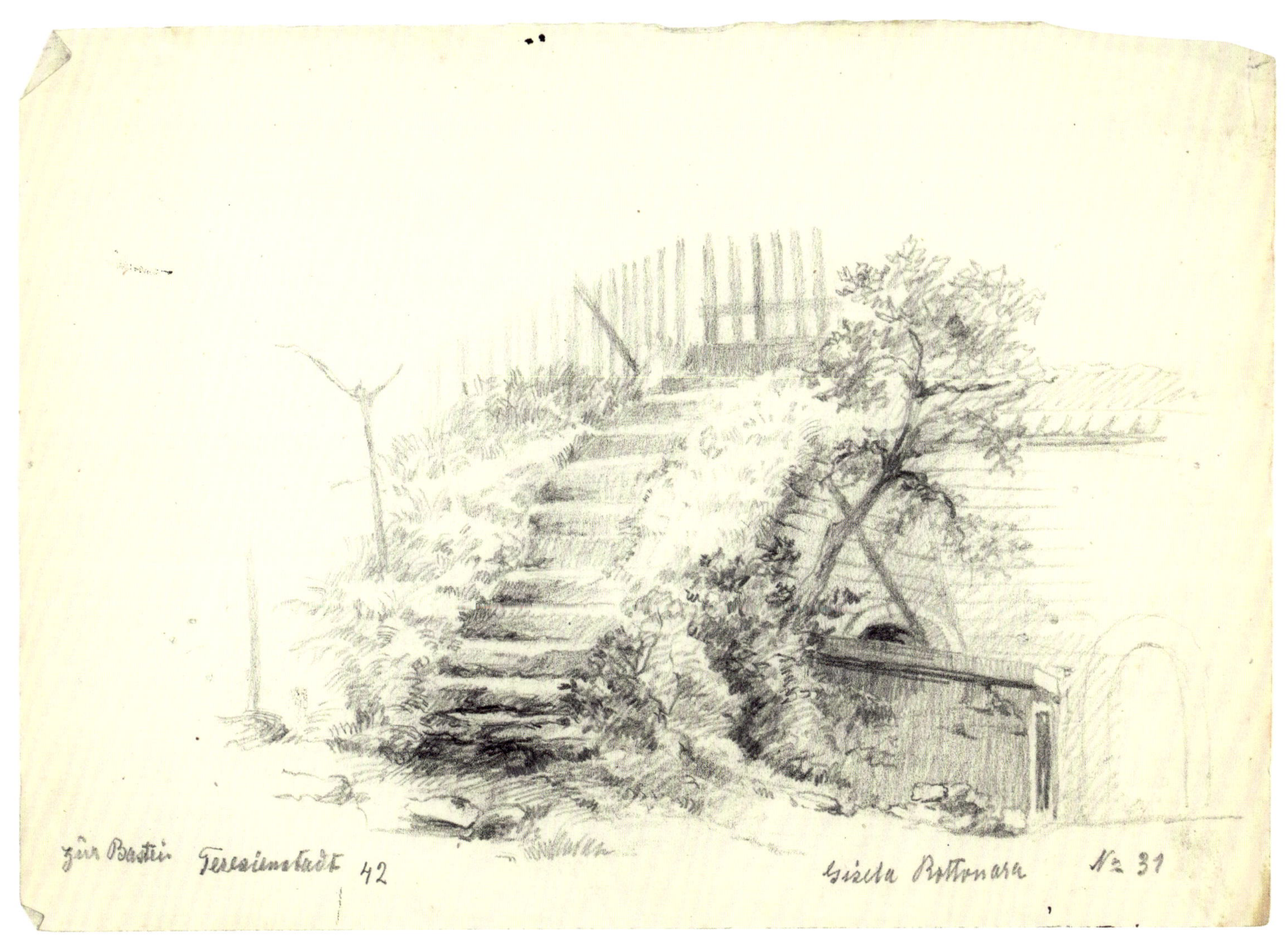

Zur Bastei

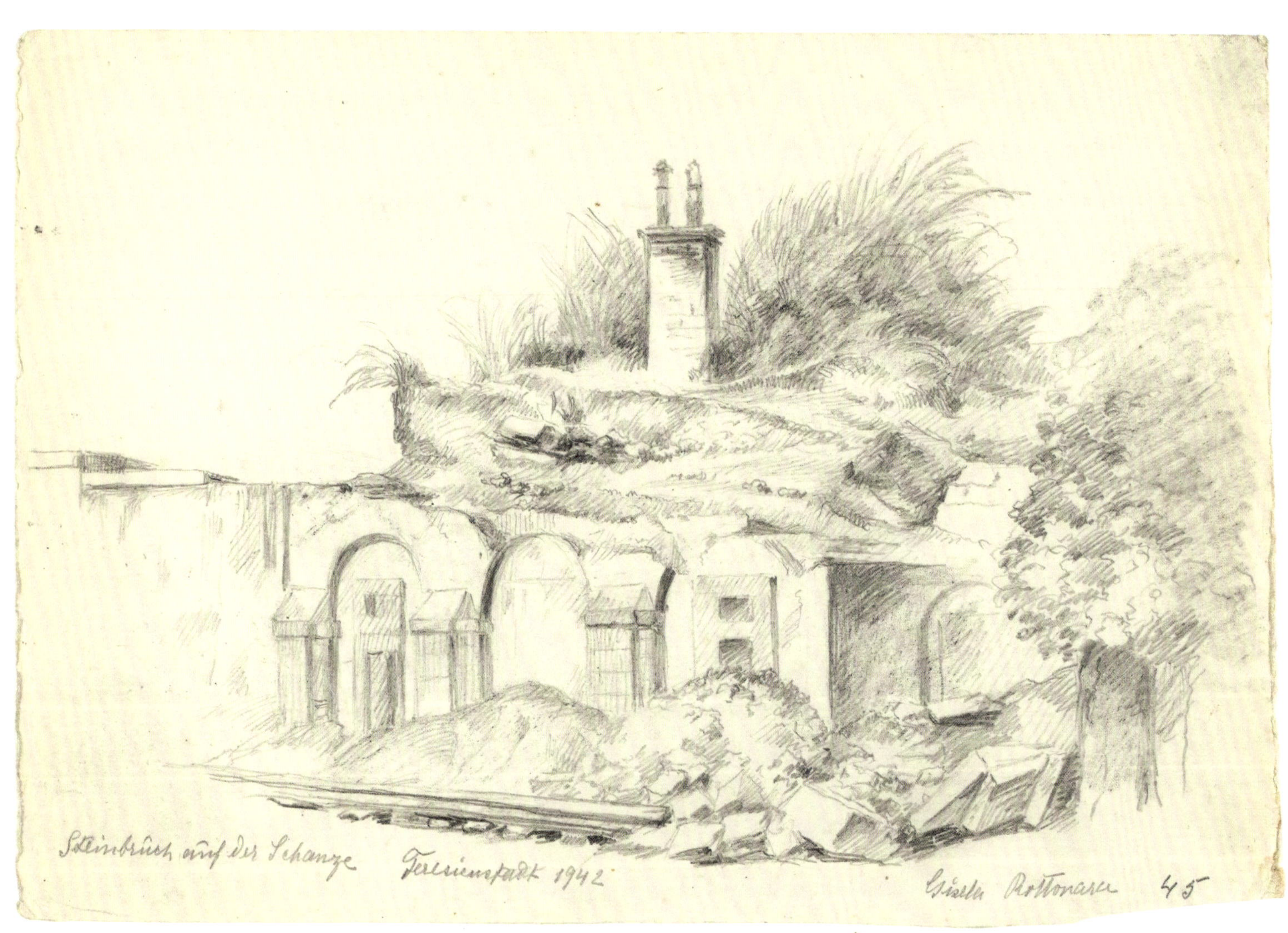

 Steinbruch auf der Schanze

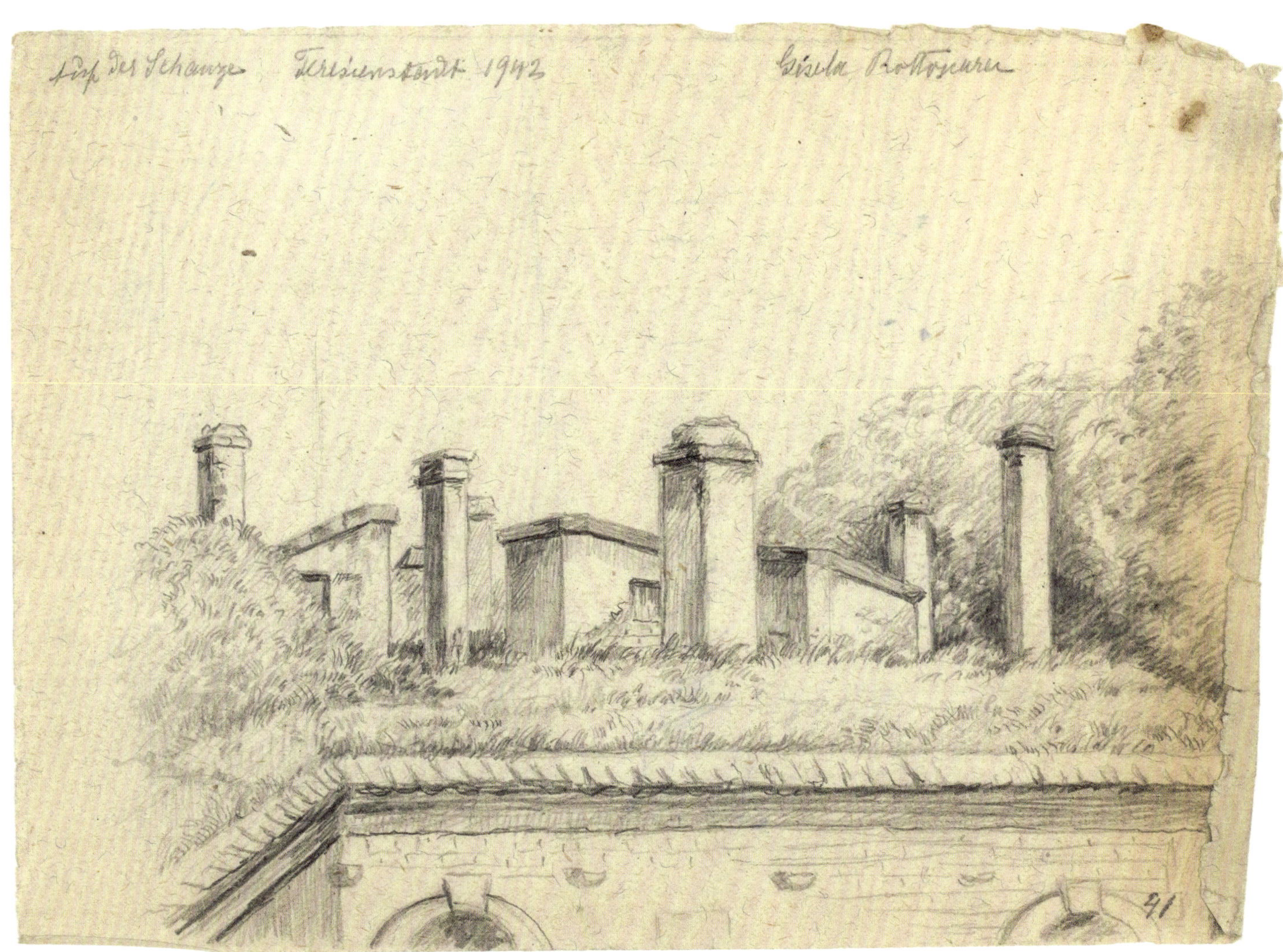

Auf der Schanze

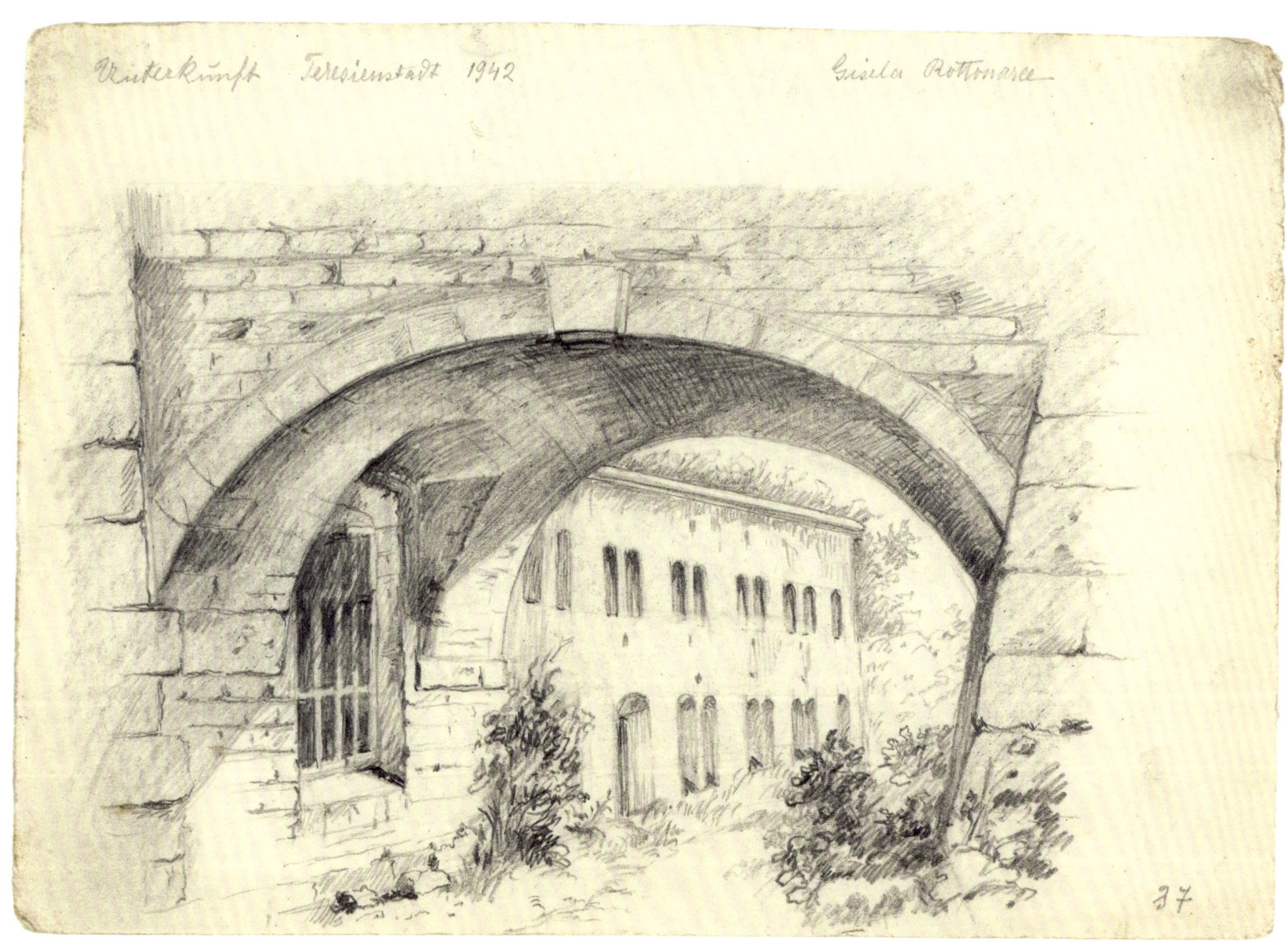

Unterkunft

Leben in Kasernen

Rechts: Jägerkaserne mit Brunnen

Teresienstadt August 42 Gisela Rottmann

Jäger Kaserne mit Brunnen

5

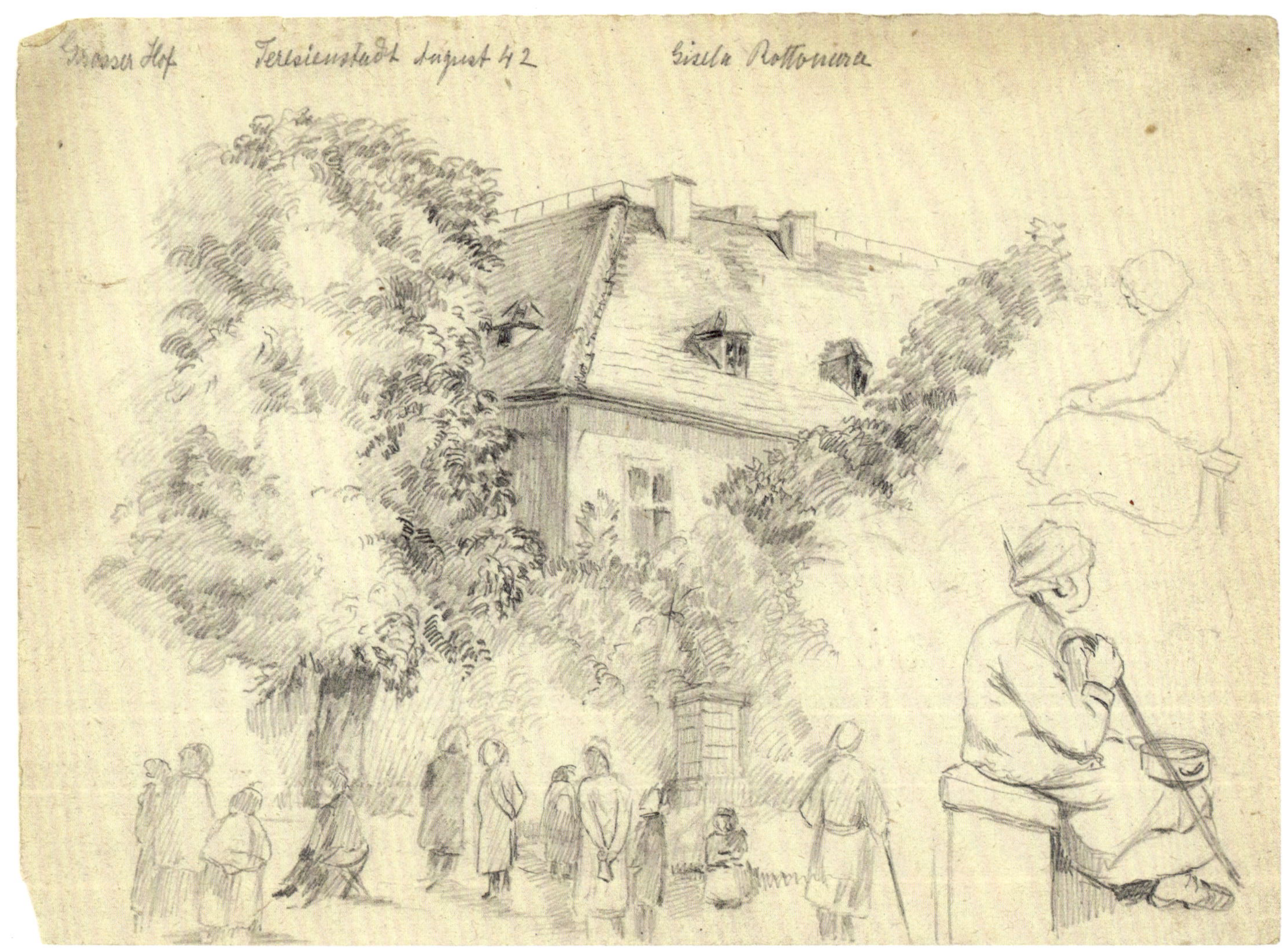

 Grosser Hof

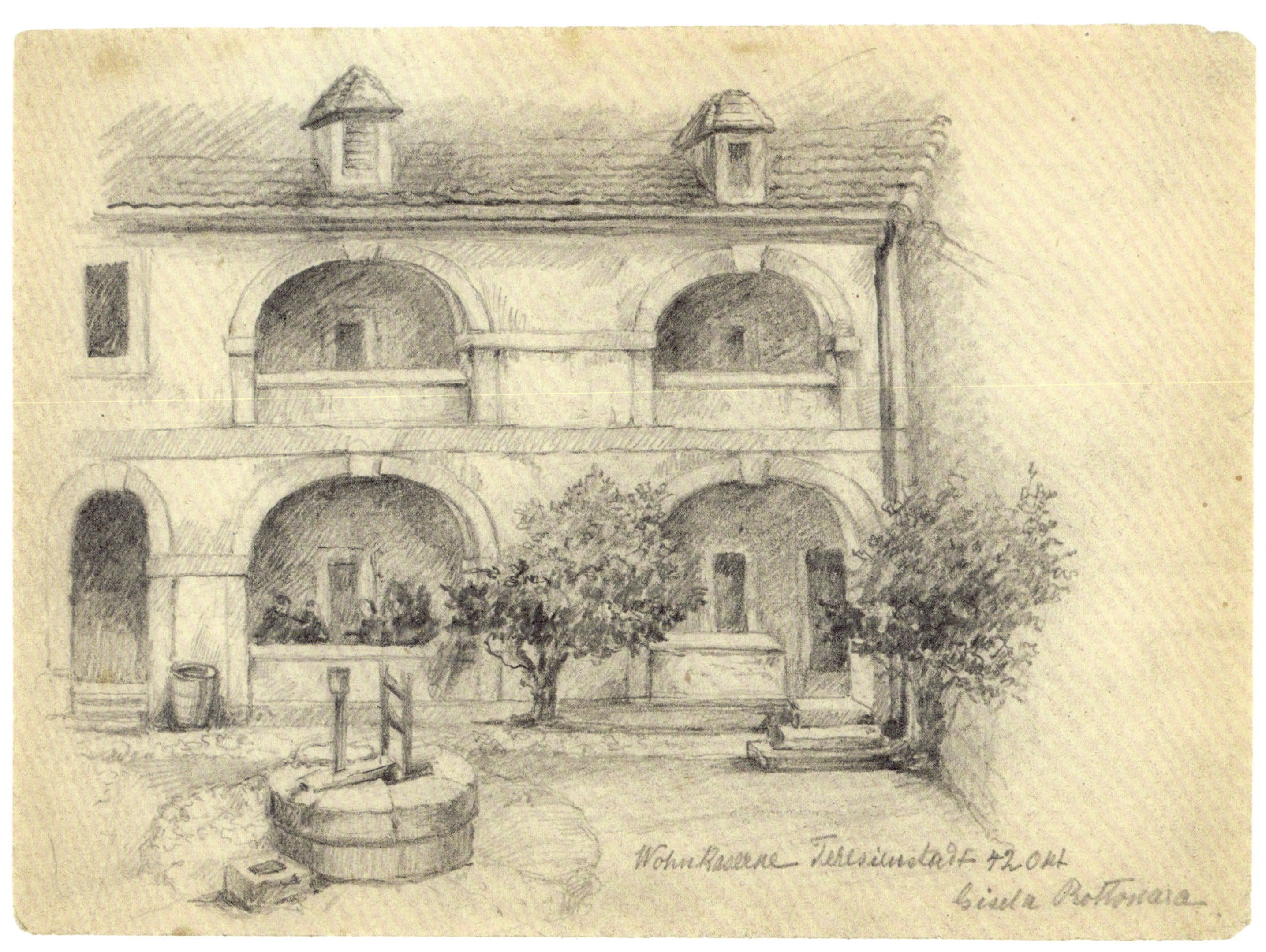
Wohnkaserne Theresienstadt 42 Okt
Gisela Prottonara

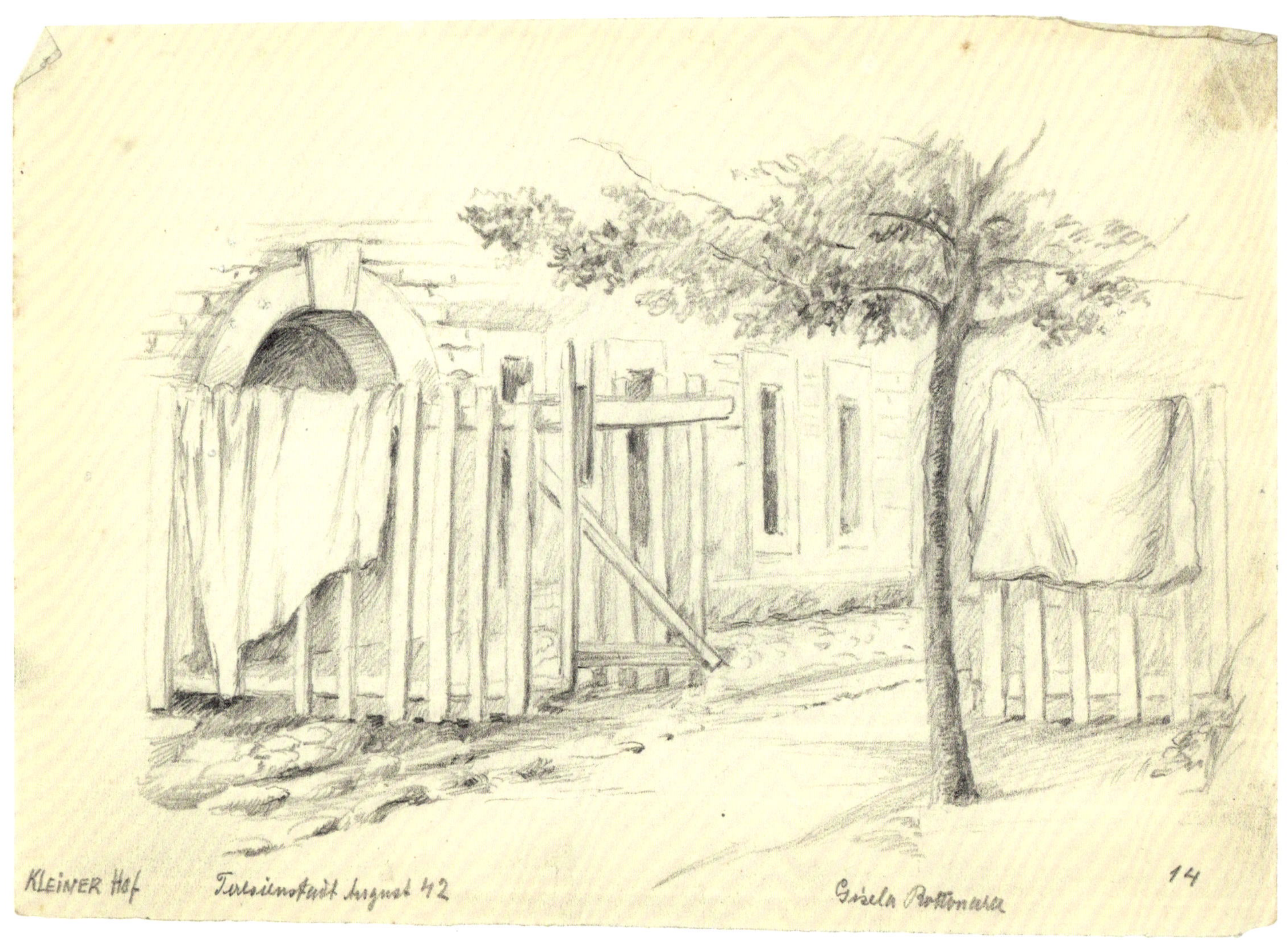

Kleiner Hof

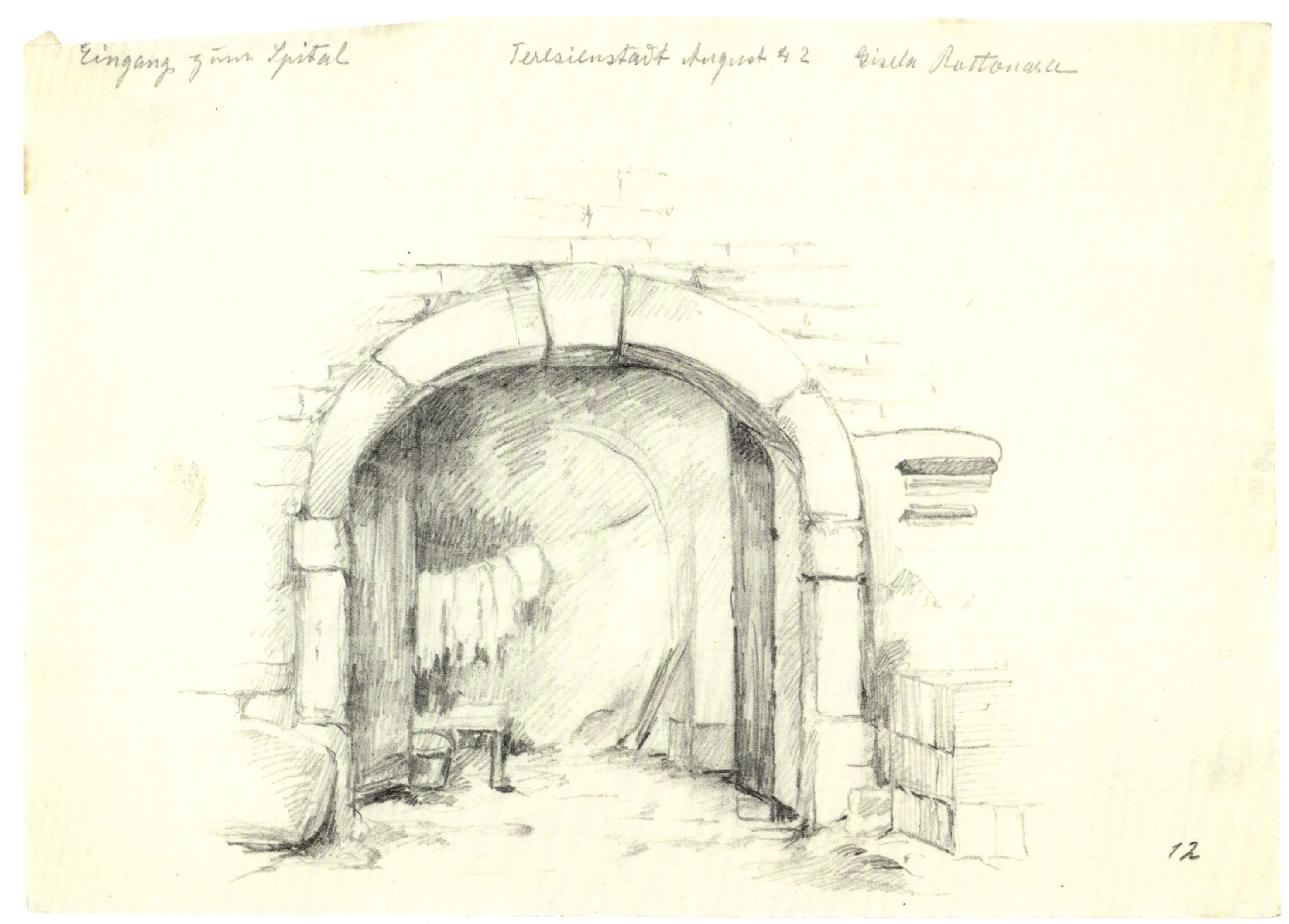

Eingang zum Spital

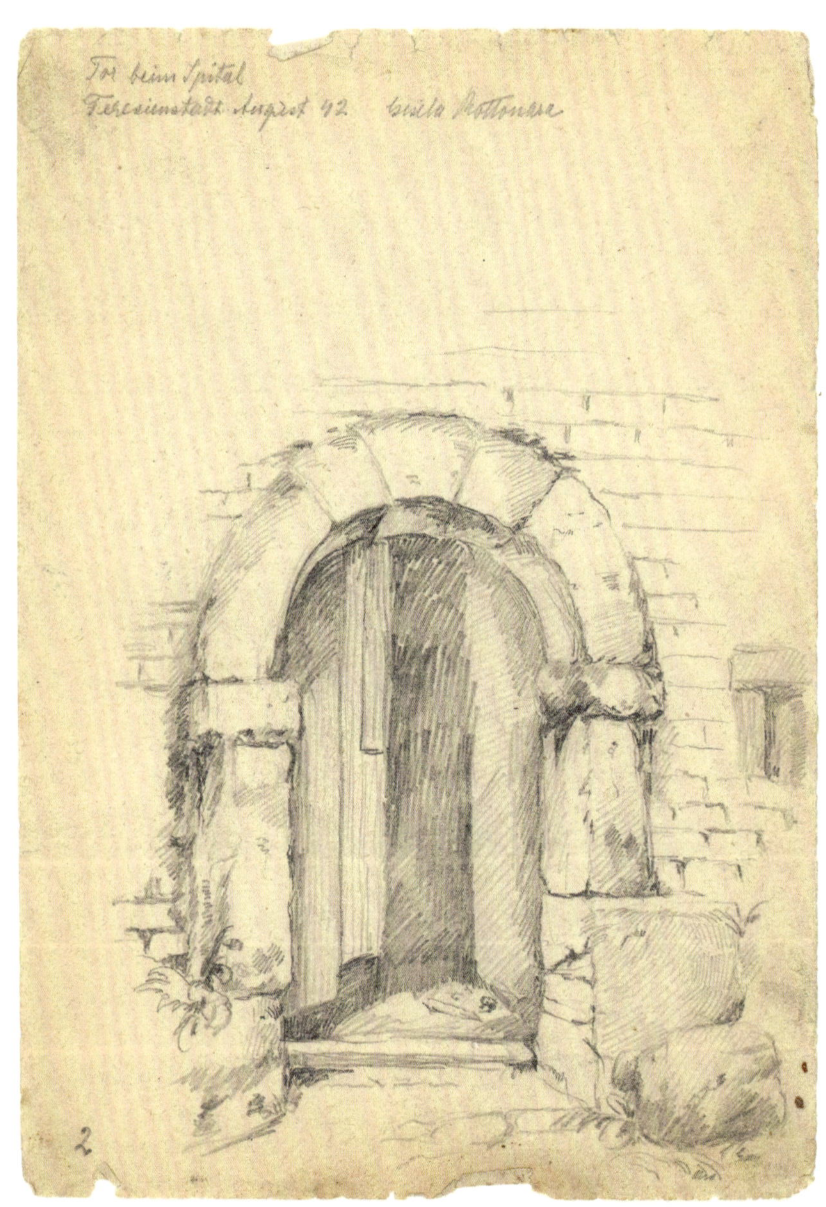

Tor beim Spital

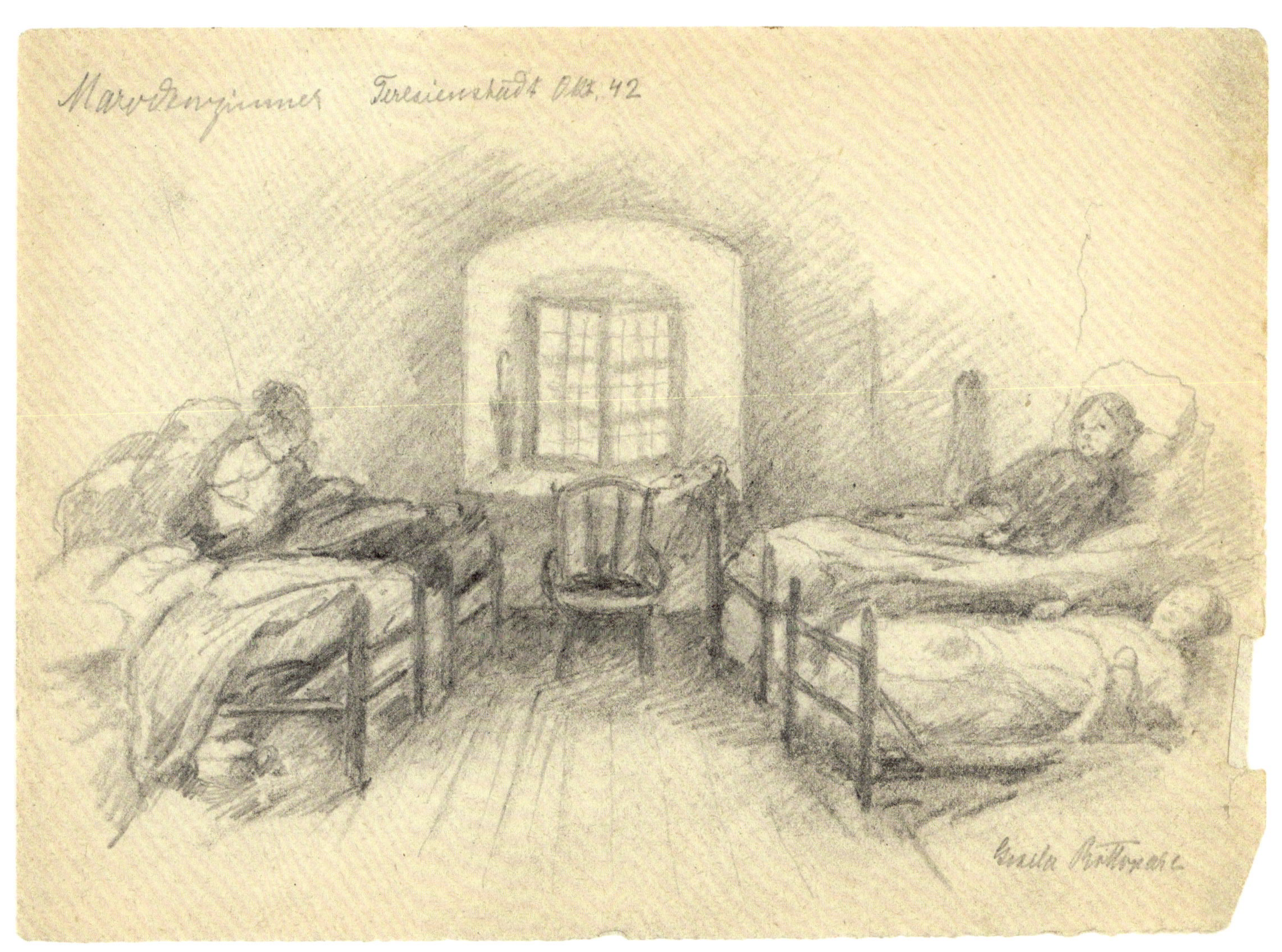

Marodenzimmer

Menschen

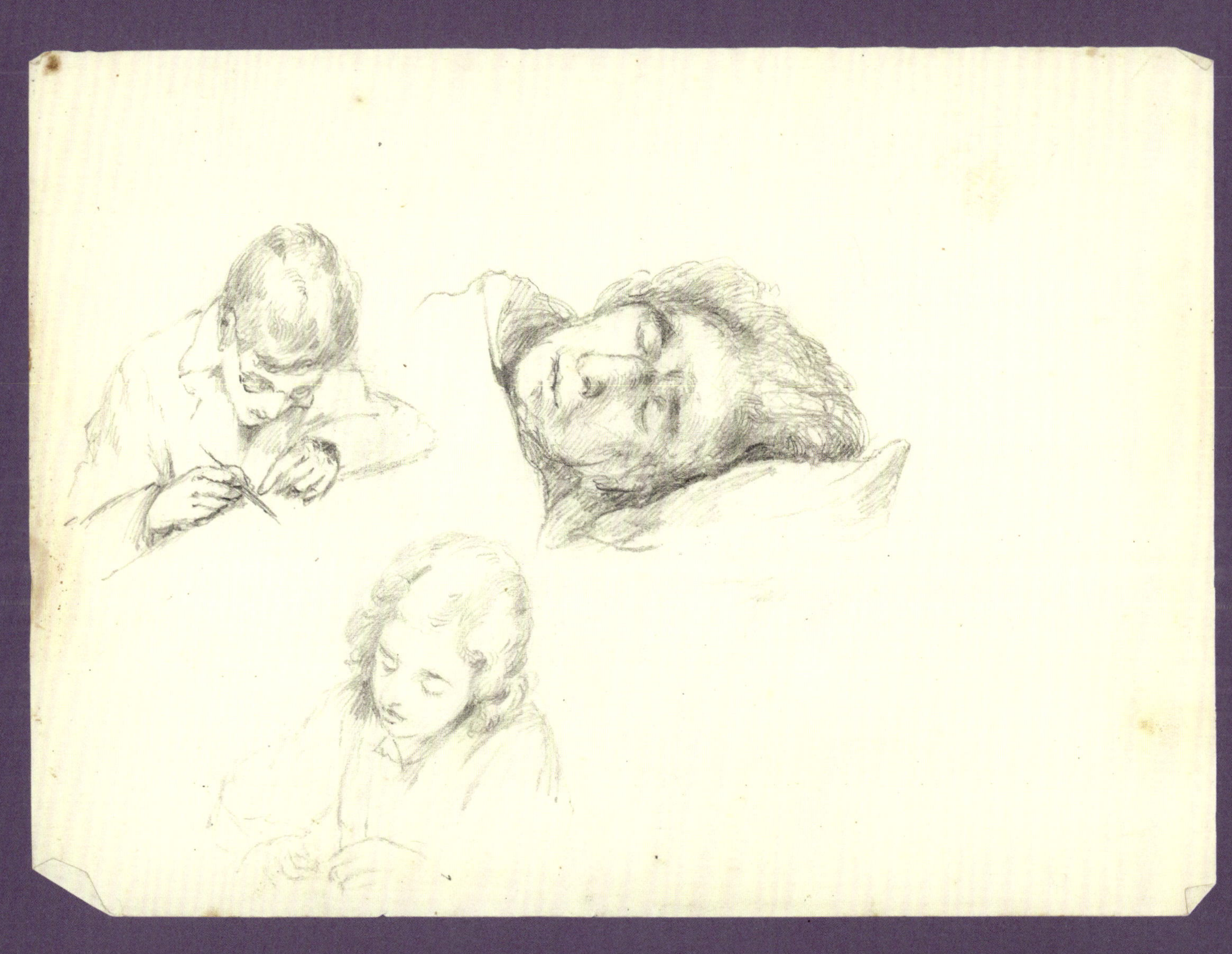

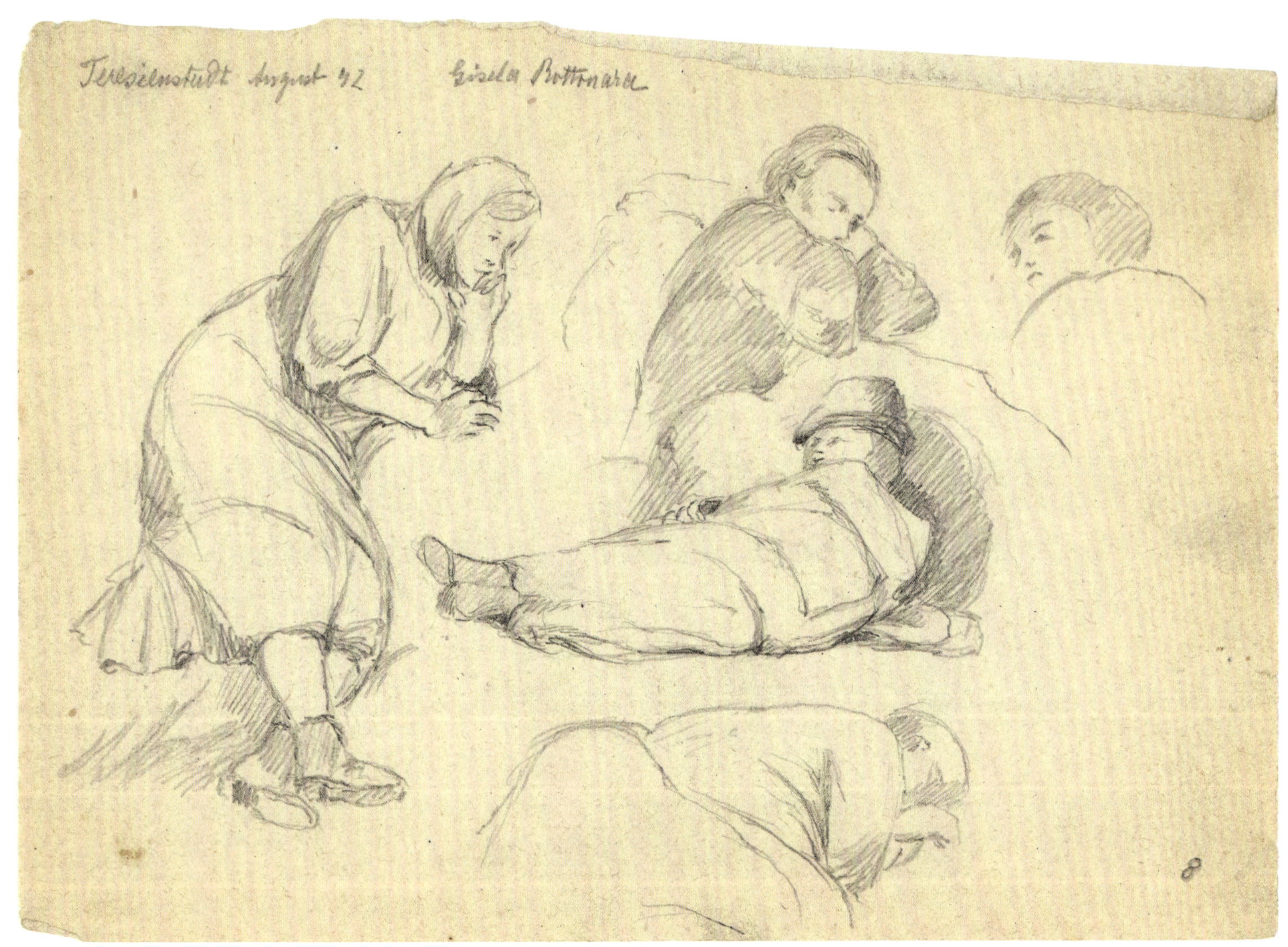
Teresienstadt August 42

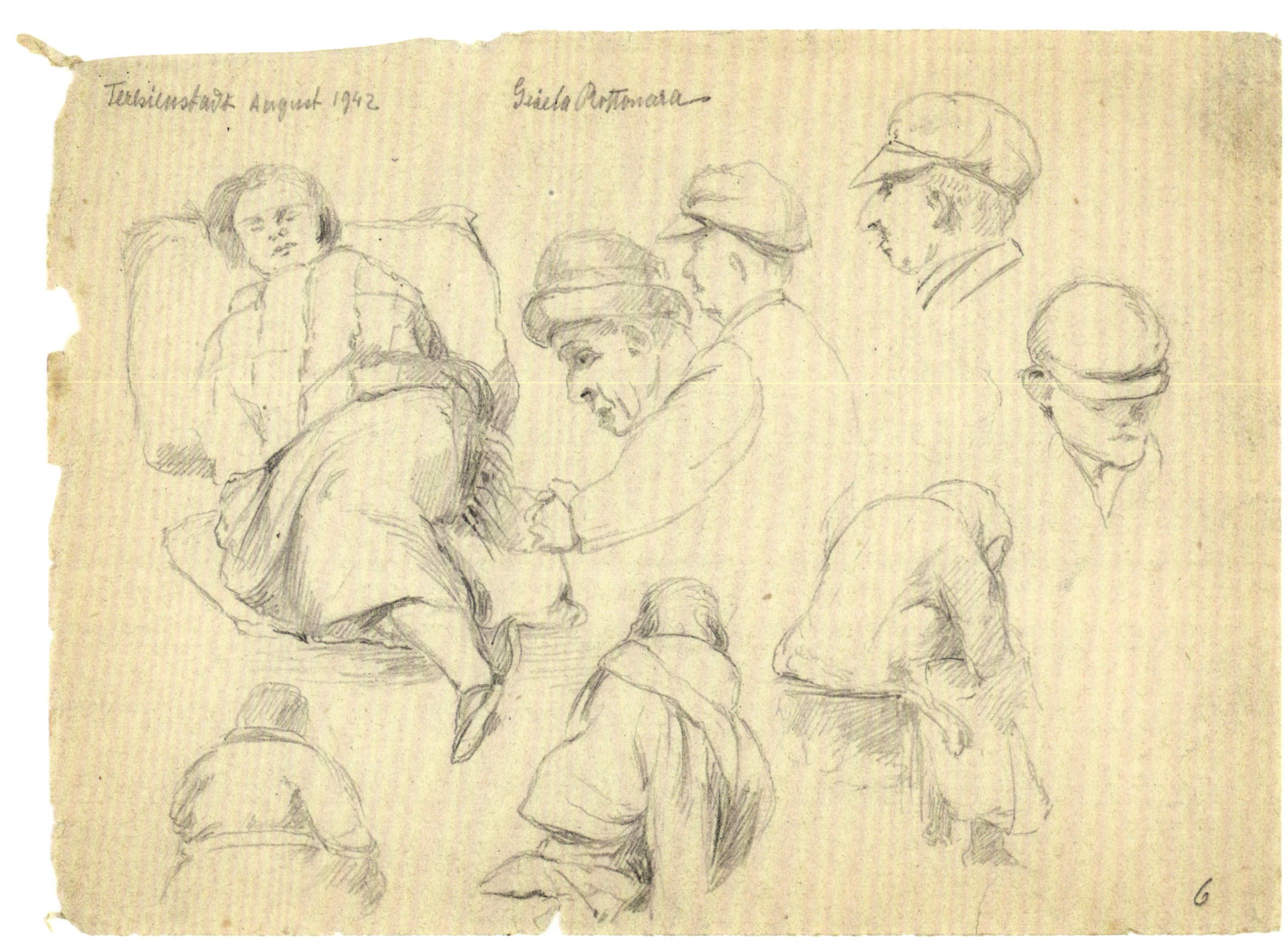
August 1942
6

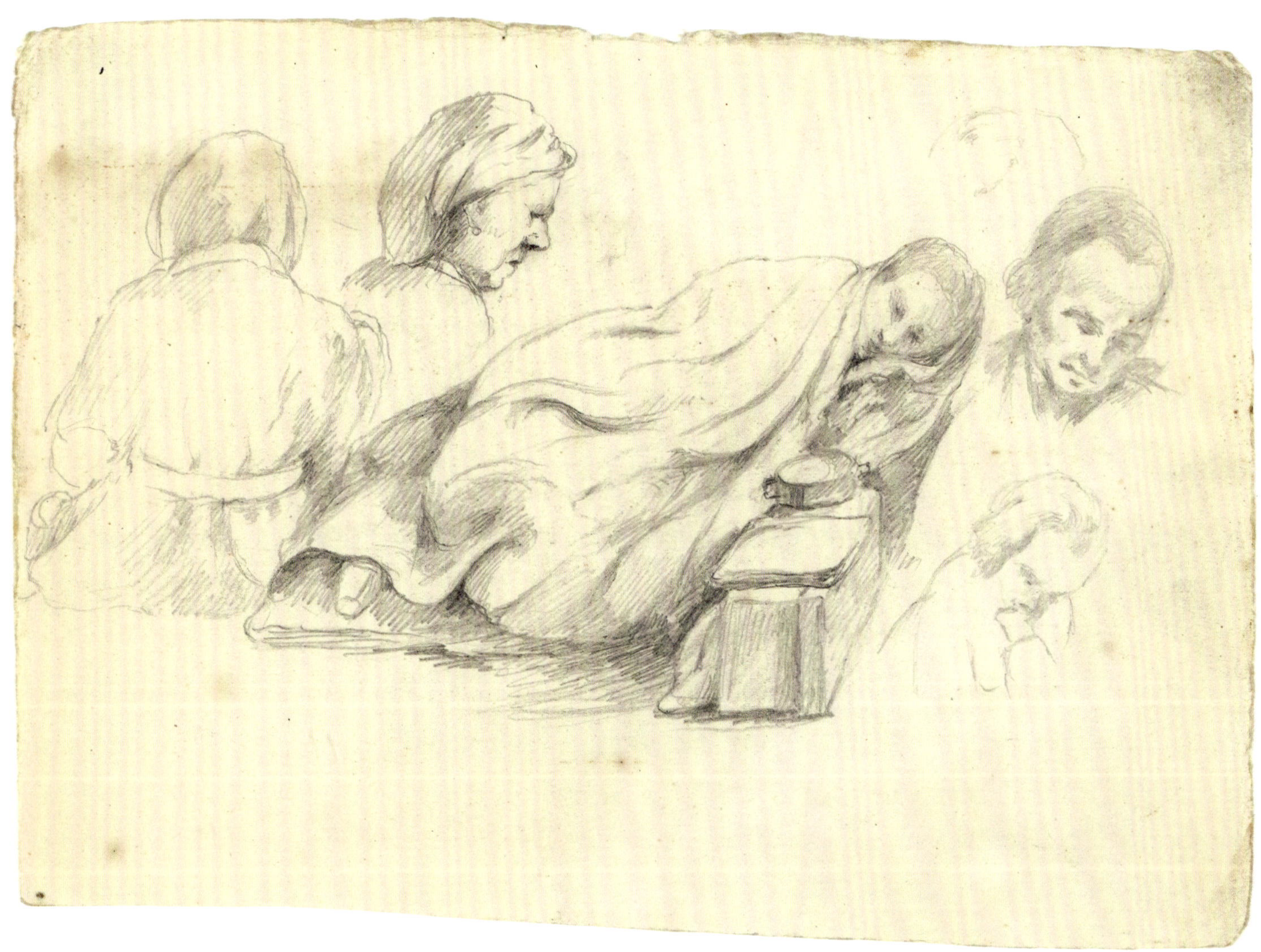

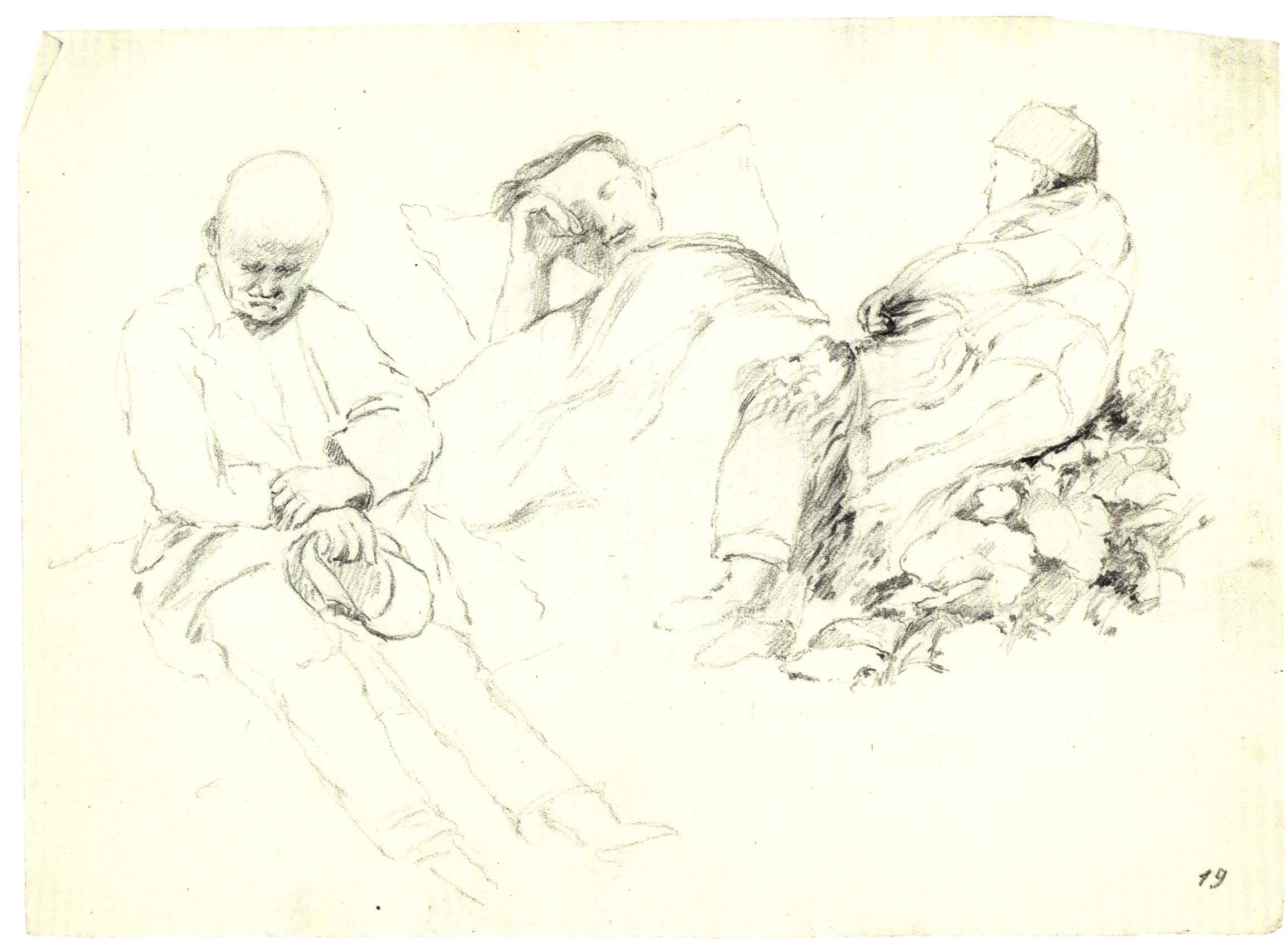

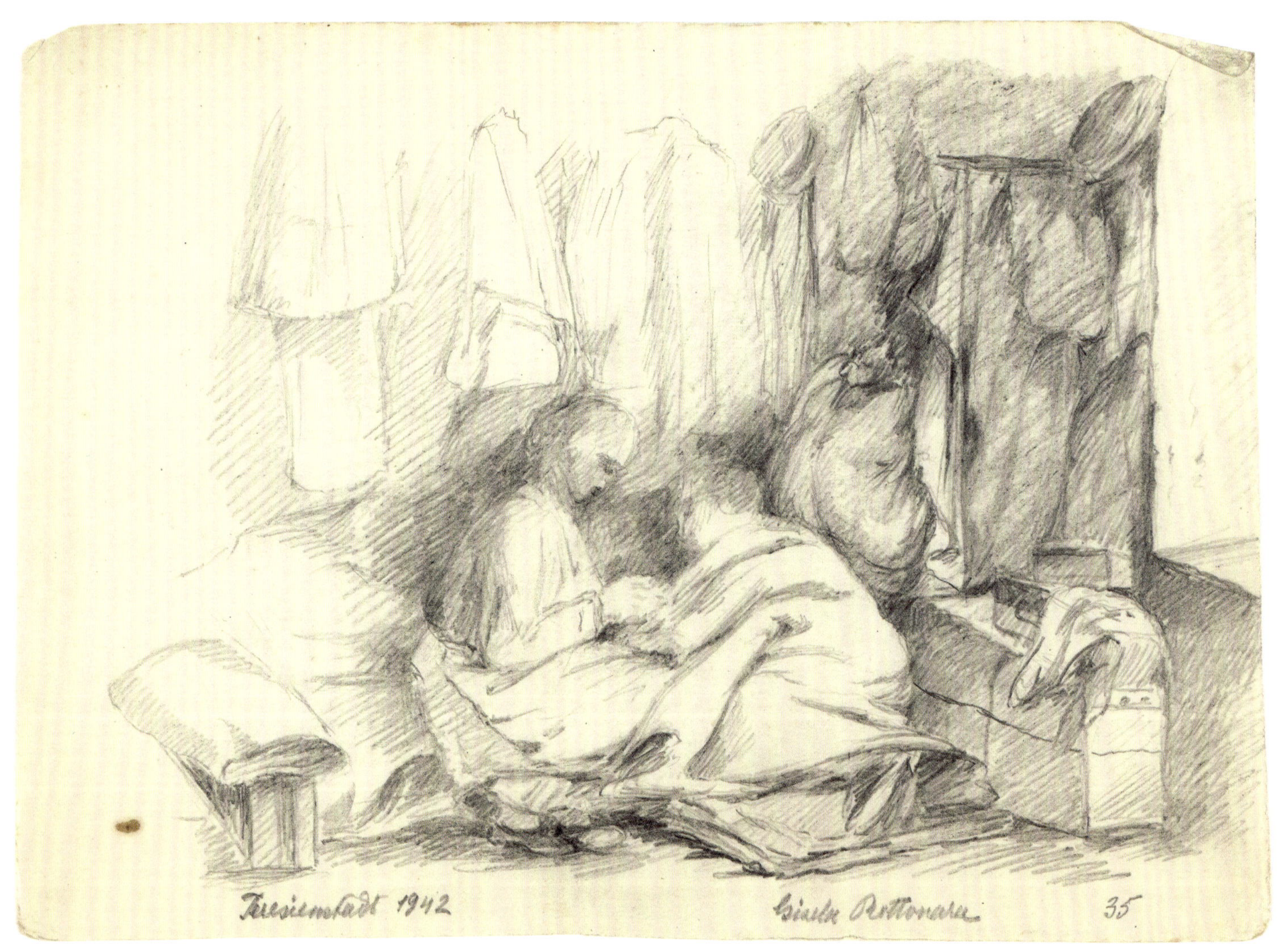
Theresienstadt 1942
35

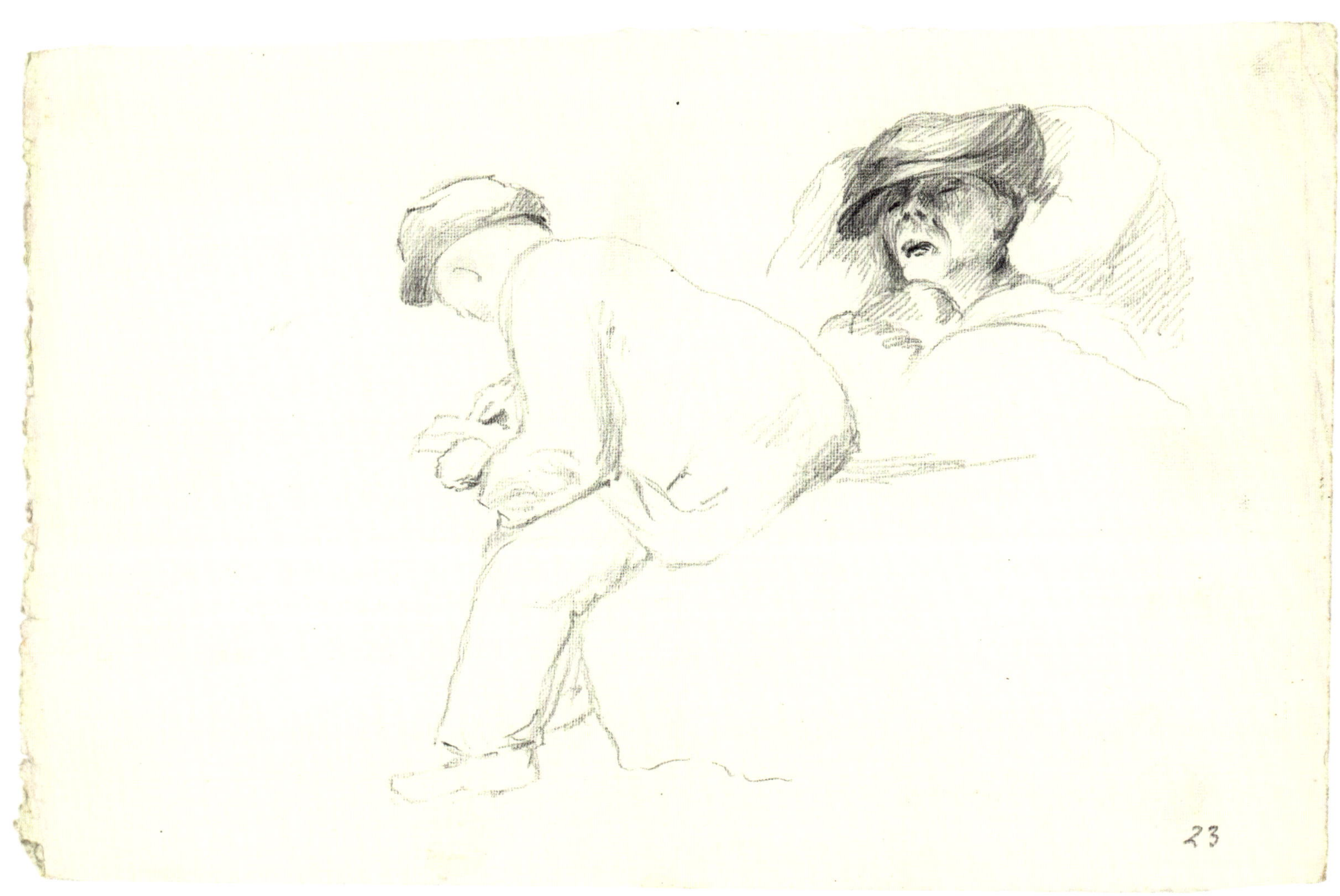

Straßen und Häuser

Alltag

Blick der Zeichnerin
aus ihrer Unterkunft

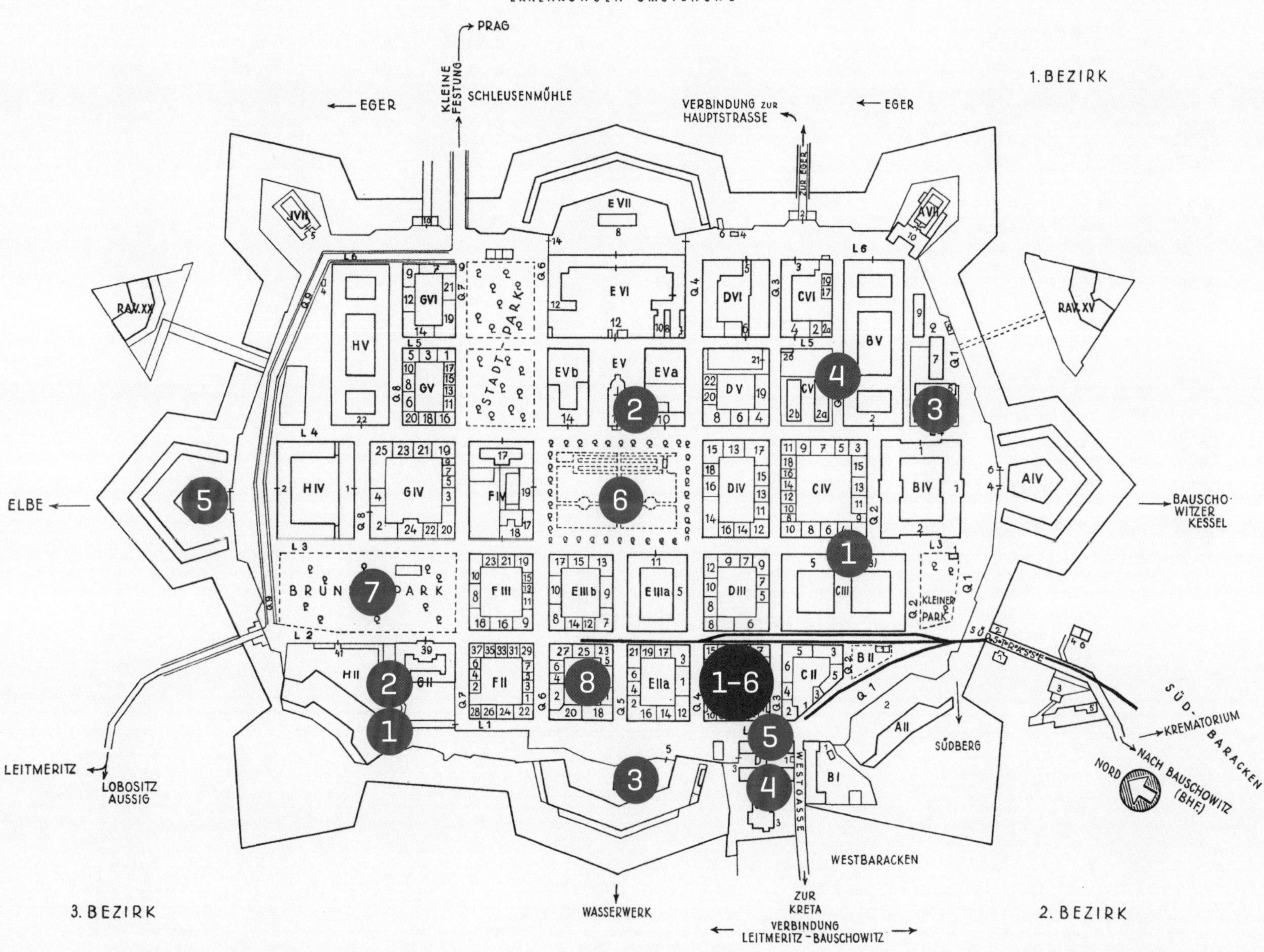
THERESIENSTADT – SOMMER 1944
ERKLÄRUNGEN UMSTEHEND
PRAG
KLEINE FESTUNG
SCHLEUSENMÜHLE
EGER
VERBINDUNG ZUR HAUPTSTRASSE
ZUR EGER
1. BEZIRK
ELBE
BAUSCHOWITZER KESSEL
STADTPARK
BRUNNENPARK
KLEINER PARK
SÜDSTRASSE
SÜDBARACKEN
KREMATORIUM
NACH BAUSCHOWITZ (BHF.)
NORD
SÜDBERG
WESTGASSE
WESTBARACKEN
LEITMERITZ
LOBOSITZ AUSSIG
WASSERWERK
ZUR KRETA
VERBINDUNG LEITMERITZ – BAUSCHOWITZ
3. BEZIRK
2. BEZIRK

Die Festung

Leben in Kasernen

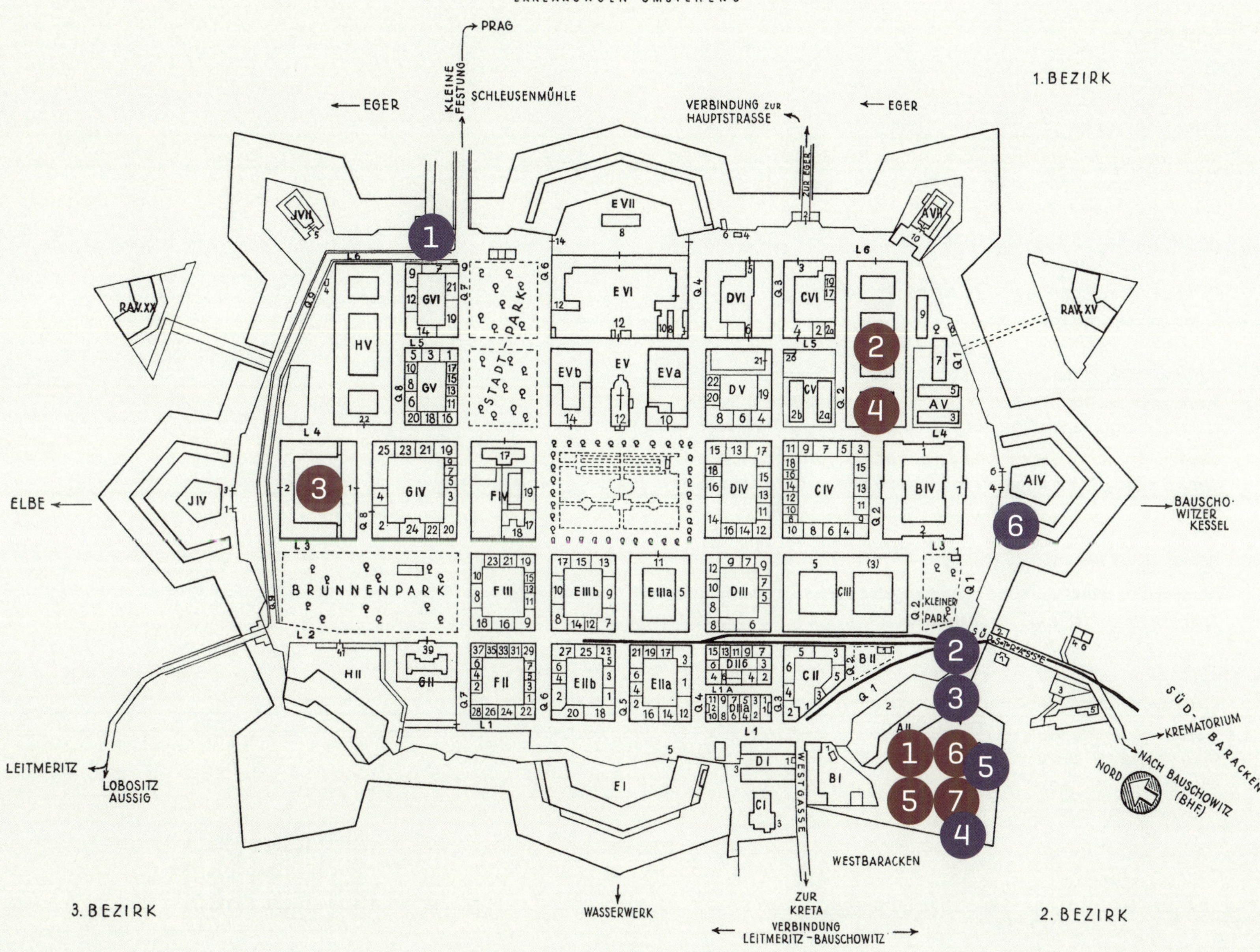

THERESIENSTADT - SOMMER 1944
ERKLÄRUNGEN UMSTEHEND
PRAG
KLEINE FESTUNG
SCHLEUSENMÜHLE
EGER
VERBINDUNG ZUR HAUPTSTRASSE
EGER
1. BEZIRK
BRUNNENPARK
STADTPARK
KLEINER PARK
ELBE
BAUSCHOWITZER KESSEL
SÜDSTRASSE
SÜD-BARACKEN
KREMATORIUM
NACH BAUSCHOWITZ (BHF.)
NORD
WESTGASSE
WESTBARACKEN
LEITMERITZ
LOBOSITZ AUSSIG
3. BEZIRK
WASSERWERK
ZUR KRETA
VERBINDUNG LEITMERITZ - BAUSCHOWITZ
2. BEZIRK

Impressum

Konzept und Kuratierung: Benjamin Grilj
Grafik-Design und Buchgestaltung: Atelier Renate Stockreiter
Lektorat: Sabine Hödl, Lithografie: Manfred Kostal, pixelstorm
Produktion: Medienfabrik Graz
Recherche: Benjamin Grilj, Rosemarie Burgstaller, Jutta Fuchshuber

Für die Zeichnungen von Gisela Rottonara danken wir
Familienarchiv Kreuzer/Kerpen

Fotos und Dokumente von/aus
Familienarchiv Kreuzer/Kerpen; Jana Formakova (Projekt Terezin);
H. G. Adler, Theresienstadt 1941: das Antlitz einer Zwangsgemeinschaft.
Geschichte, Soziologie, Psychologie. Tübingen 1955, Anhang
Oskar Pausch, Franz Angelo Rottonara. Ein Maler aus Corvara.
Istitut Ladin Micurà de Rü (Hg.), San Martin de Tor 2008

Für die Unterstützung danken wir
Abteilung Wissenschaft und Forschung des Landes Niederösterreich
Zukunftsfonds der Republik Österreich

ISBN 978-3-99136-056-8

WISSENSCHAFT · FORSCHUNG
NIEDERÖSTERREICH

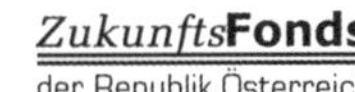